Starke FRAUEN

AUS SCHLESWIG-HOLSTEIN

Wartberg Verlag

Bildnachweis

Umschlag:
oben links: ullstein bild-Bodig, oben rechts: ullstein bild-Pressefoto Kindermann; mitte links: Fotoatelier Ute Boeters, mitte rechts. André Schlegel, unten links: ullstein bild-Breuel-Bild, unten mitte: Günter Propfe, unten rechts: ullstein bild-Camera4 Fotoagentur

Innenteil:
Bernd Perlbach, Fotodesign: S. 7; Silke Hunzinger: S. 12; Schleswig-Holsteinsche Landesbibliothek Kiel: S. 17, 21; Archiv Silke von Bremen: S. 23; Hans-Jürgen Hansen: S. 25; picture alliance/ Image-BROKER/SPOT: S. 26; Heinrich-Schwesternschaft Kiel: S. 28-30; ullstein bild-Philipp Kester: S. 31, ullstein bild/Heritage Images: S. 32; Günter Propfe: S. 34, 35; Wenzel-Hablik-Stiftung, Itzehoe: S. 36; Stadtarchiv Kiel, 1.1 FotoSlg 84171: S. 38; Privatarchiv Ahlmann: S. 40, 41; Landesarchiv Schleswig-Holstein, Abt. 2003.2.Nr.1418: S. 43; André Schlegel: S. 45-47; ullstein bild-Ingo Barth: S. 49; ullstein bild-Pressefoto Kindermann. S. 50; dtv Verlagsgesellschaft München: S. 51; Archiv Philippzik: S. 52, 54; Fotoatelier Ute Boeters. S. 56, 64, 65; picture alliance-Sven Simon: S. 59; Marion Nickig: S. 61; Volker Arnold: S. 62; ullstein bild-Bodig: S. 66; Therese Chromik: S. 68, 69; ullstein bild-Breuel-Bild: S. 71; Manuela Junghölter: S. 72, 74, 88-90, 93; Annie Lander-Laszig. S. 75; Wiebke Buckow: S. 77; ullstein bild-Publik Address: S. 79; ullstein bild-Camera4 Fotoagentur: S. 81; Justine Kleine: S. 82; Kathrin Hingst: S. 83; Familie Feddersen: S. 84; Segelmacherei Feldhusen: S. 85, 87; Fenja Hardel: S. 92;
wikipedia gemeinfrei: S. 6, 9, 10, 13, 19

Danksagung
Mein besonderer Dank gilt all denjenigen, die das Buchprojekt „Starke-Frauen in Schleswig-Holstein“ mit vielen wertvollen Anregungen, Hinweisen und Fotos unterstützt haben.

1. Auflage 2020

Gestaltung und Satz: r2 • www.ravenstein2.de
Druck: Druck- und Verlagshaus Thiele & Schwarz GmbH, Kassel
Buchbinderische Verarbeitung: Buchbinderei S. R. Büge, Celle

34281 Gudensberg-Gleichen • Im Wiesental 1
Telefon: 056 03/9 30 50 • www.wartberg-verlag.de
ISBN 978-3-8313-3256-4

VORWORT

Bei der Recherche zu dem Buch „Starke Frauen in Schleswig-Holstein – Wahre Heldinnen" fiel auf, dass interessante Frauenpersönlichkeiten in der einschlägigen Literatur nur zu einem kleinen Prozentsatz berücksichtigt werden. Das mag auch daran liegen, dass Frauen zwar in vielerlei Weise Besonderes und Herausragendes geleistet haben, sie aber damit nicht an die Öffentlichkeit gehen, ja, sie ihre Leistung oftmals als selbstverständlich und nicht als erwähnenswert empfinden. Das gilt es zu ändern, denn für Zurückhaltung gibt es eigentlich keinen Grund. „Tue etwas Gutes und sprich darüber", sollte die Devise sein. Dabei spielt es keine Rolle, ob man in der Öffentlichkeit steht, sich in der Politik für Frauenrechte einsetzt, sich mit der deutschen Sprache beschäftigt, ein Schiff steuern kann, sich für Rosen oder Büffel begeistert oder einfach eine eigene Werkstatt aufmacht. Alle in diesem Buch beschriebenen Frauen haben ihre ganz individuelle Geschichte, die jede Wertschätzung verdient. Sie stehen exemplarisch für die vielen interessanten Frauenbiografien, die allein aus Platzgründen keinen Einlass in das Buch finden konnten.

Das vorliegende Buch leistet einen Beitrag dazu, das Leben und Wirken schleswig-holsteinischer Frauen aus vergangener Zeit bis heute bekannt zu machen. Die eine oder andere Frauenbiografie ist sicher präsenter, aktueller in Erinnerung, viele andere hingegen sind bisher kaum öffentlich ins Bewusstsein getreten. Einen intensiveren Blick auf ihre interessanten Lebensgeschichten sind sie allemal wert. Viele der behandelten Biografien weisen Gemeinsamkeiten auf. So fällt auf, dass es meistens Brüche, traumatische Ereignisse oder das Aufbegehren gegen gesellschaftliche Konventionen sind, die Frauen ungeahnte Kräfte entfalten lassen und sie zu Höchstleistungen anspornen. Manchmal, ohne sich dessen bewusst zu sein. Dazu gehören eine gute Portion Mut, Selbstbewusstsein, Durchhaltevermögen und der Wille, sich in oftmals männerdominierten Bereichen zu behaupten. Coco Chanel hat das wunderbar in dem Satz zusammengefasst: „Es sind nicht die Erfolge, aus denen man lernt, es sind die Fiaskos." Und sie hat recht. Der einfache Weg ist nur halb so spannend. Die Frauen haben sich auf die eine oder andere Weise einen Platz in den Geschichtsbüchern, in Gesellschaft, Politik, Kunst oder Wissenschaft erobert. Sie können im wahrsten Sinne Vorbilder für ganze Generationen von Frauen sein.

„Nichts ist unmöglich!", „Traut euch!", „Ihr könnt mehr als ihr denkt!", „Jetzt erst recht!" – das ist die Quintessenz aus den vielen interessanten Lebenswegen der Frauen, die mir posthum begegnet sind bzw. die mir in Gesprächen ihre Zeit geschenkt und bereitwillig über ihr Leben berichtet haben. Ihnen allen gebührt mein Dank.

Das Ergebnis ist ein Kompendium über historische, lebende, bekannte, unbekannte und in jedem Fall „lebendige Heldinnen" in Schleswig-Holstein. Ich wünsche viel Freude beim Lesen!

MANUELA JUNGHÖLTER

ANNA VON BUCHWALD

(1453 – NACH 1508)

NONNE MIT DURCHBLICK

Priörin des Benediktinerinnenklosters Preetz zwischen 1484 und 1508.

Stellvertretend für die Priörin Anna von Buchwald zeigt die Abbildung eine Benediktinerin im Habit von 1904.

Lebensläufe über fromme Frauen im Kloster sind nicht immer einfach zu rekonstruieren, lebten sie doch in Abgeschiedenheit und Bescheidenheit hinter dicken Klostermauern. Es sind vor allem ledige adelige Frauen, die in den Nonnenkonvent aufgenommen wurden. Auch Anna von Buchwald stammt aus einem alten schleswig-holsteinischen Adelsgeschlecht.

Über ihre Zeit als Priörin des Klosters Preetz gibt es inzwischen Informationen durch die Auswertung des erhaltenen Rechnungsbuchs des Klosters und des von ihr selbst verfassten „Buch im Chore“. Es zeichnet sich das Bild einer Frau, die kompetent, eigenständig, selbstbewusst, durchsetzungsstark, geschäftstüchtig und mit Bedacht die Geschicke des Klosters leitete. Ihre Lebensdaten sind nicht genau zu ermitteln. Als sie 1484 zur Priörin gewählt wird, hat sie das Alter von 30 Jahren bereits erreicht, durchaus üblich für diesen verantwortungsvollen Posten. Sie trat zusammen mit ihrer Schwester Dilla als „geistliches Kind“ in das Benediktinerinnenkloster in Preetz ein. Es ist das größte Nonnenkloster nördlich der Elbe, das 1211/12 von Albrecht von Orlamünde gegründet wurde, und es konnte 70 Ordensfrauen aufnehmen. Die übliche Mitgift von 100 Mark Lübsch ist als Aufnahmegebühr im Rechnungsbuch sorgfältig verzeichnet. Mit der „Einkleidung“ einige Jahre später ist die Aufnahme offiziell. Das Leben der Benediktinerinnen ist frei nach dem Wahlspruch „bete und arbeite (ora et labora)“

von harter Arbeit, reglementiertem Tagesablauf und intensiven Exerzitien geprägt, zur Lobpreisung Gottes.

Anna von Buchwald erkennt, dass das sanierungsbedürftige Kloster und das von Vorschriften überfrachtete Klosterleben dringend einer Überarbeitung bedürfen. In dem von ihr verfassten 160 Seiten umfassenden „Buch im Chore" werden zum ersten Mal die komplizierten liturgischen Abläufe niedergeschrieben. Sie vereinfacht dort, wo es nötig ist, reduziert Strafen bei Verfehlungen, regelt das Alltagsleben neu und das alles mit Zustimmung des ihr vorgesetzten Bischofs und Abts. Es entsteht eine verbindliche Handlungsanweisung für die Nonnen, die für alle einsehbar an einer Kette im Chor befestigt ist. Mit der eigenständigen Umsetzung dieses Vorhabens wird deutlich, dass sie ihre Verantwortung als Priörin sehr ernst nimmt, ihren Handlungsspielraum nutzt und erheblich erweitert.

Sie ist aber auch praktisch veranlagt und tritt Missständen entgegen. Als sie feststellt, dass 22 ihrer Mitschwestern gar keine eigene Schlafstelle haben, fordert sie bei ihren Vorgesetzten die Instandsetzung eines baufälligen

In dem von Anna von Buchwald verfassten „Buch im Chore" sind die Initialen und das Familienwappen ebenso zu erkennen wie die Kette, an der die Handlungsanweisungen für die Nonnen im Chor befestigt war, die seit 1471 gültig sind.

Hauses auf dem Klosterareal. Aber man hält sie so lange hin, bis sie die Arbeiten aus eigenen Mitteln finanziert und selbst in Auftrag gibt. Während ihrer Amtszeit erweitert sie die Klosteranlage um ein Siechenhaus, ein Badehaus und die Kämmerei.

Ihr größter Verdienst ist aber, sich durch wirtschaftlichen Weitblick und diplomatisches Geschick gegen das vermeintliche Desinteresse der ihr vorgesetzten Pröpste an der Entwicklung des Klosters durchzusetzen. Die Aufgaben zwischen der Priörin, zuständig für die klösterliche Ordnung, und dem Probst, der sich um die weltlichen Angelegenheiten des Klosters kümmert, sind klar getrennt. Das Amt des Probstes allerdings ist wegen des hohen Arbeitsanfalls nicht sehr beliebt. So führen Unwilligkeit und Überforderung dazu, dass das Kloster hoch verschuldet ist. Anna von Buchwald übernimmt zweimal selbst das Verwaltungsamt, quasi als De-facto-Pröpstin, und schafft es durch gutes Wirtschaften, die Einnahmen so zu steigern, dass das Kloster Preetz zum reichsten in Schleswig-Holstein wird. 24 Jahre bekleidet Anna von Buchwald das Amt der Priörin, bevor sie 1508 in den Ruhestand tritt und als einfache Nonne ihren Lebensabend im Kloster Preetz verbringt.

Von den einstmals 60 Klöstern in Schleswig-Holstein konnten nach der Reformationszeit nur die vier Nonnenklöster in Preetz, Itzehoe, Uetersen und Schleswig als evangelische Damenstifte des Adels bis heute weitergeführt werden.

AUGUSTA
HERZOGIN VON SCHLESWIG-HOLSTEIN-GOTTORF, PRINZESSIN VON DÄNEMARK
(1580–1639)

BIBELTREU UND MIT SINN FÜRS GESCHÄFT

Sie gilt als strenge, gottesfürchtige und sehr geschäftstüchtige Landesmutter und als erfolgreiche „Immobilienmaklerin der Frühen Neuzeit“ an der schleswig-holsteinischen Westküste.

Die gebürtige dänische Prinzessin Augusta gehört zu den Frauen in der Geschichte des schleswig-holsteinischen Adels, die in vielerlei Hinsicht in Erscheinung treten: als kluge Ratgeberin, vorbildliche Landesmutter, großzügige Stifterin, als Vormund ihrer minderjährigen Kinder oder, wie in diesem Fall, auch als kluge Geschäftsfrau. Aufgewachsen zusammen

Die junge Prinzessin von Dänemark Augusta Herzogin von Schleswig-Holstein-Gottorf.

mit ihren sechs Geschwistern am Königshof in Kopenhagen, genießt sie eine umfassende Bildung, bevor sie noch als 15-Jährige 1596 den ersten evangelischen Fürstbischof von Lübeck, Johann Adolf Herzog von Schleswig-Holstein-Gottorf, heiratet und mit ihm in die Residenz der Herzöge nach Schloss Gottorf bei Schleswig zieht.

Trotz des gemeinsamen protestantischen Glaubens ist das junge Paar offenbar in einigen religiösen Auslegungsfragen unterschiedlicher Ansicht. Während Johann Adolf sich eher dem Calvinismus verbunden fühlt, bevorzugt seine Frau eine strenge lutherische Auslegung. Augusta entzieht sich aus Protest dem Einfluss des von ihrem Mann eingesetzten neuen Hauspfarrers in der schlosseigenen Kapelle. Stattdessen nimmt sie den viel umständlicheren Weg in den Schleswiger Dom in Kauf, weil dieser Prediger eher ihren Vorstellungen entspricht. Die Kompromisslosigkeit beider Seiten in dieser Angelegenheit hätte durchaus zum Glaubensstreit innerhalb der Landeskirche führen können.

Auch auf einem anderen Gebiet liegen Welten zwischen den Eheleuten. Johann Adolf führt eine sehr kostspielige, geradezu verschwenderische Hofhaltung und beginnt zudem nach seinem Amtsantritt mit dem umfassenden Ausbau des Schlosses, obwohl er meist knapp bei Kasse ist. Das bringt ihn schnell an seine finanziellen Grenzen. Er leiht sich Geld, wo immer es möglich ist, und ist hochverschuldet. Einziger Ausweg: Er wendet sich an seine Schwiegermutter, die dänische Königin Sophie von Mecklenburg, die ihr Vermögen und ihre Besitzungen als Witwe so gewinnbringend eingesetzt hat, dass sie als Leihgeberin vieler europäischer Fürstenhäuser einspringt. Sie greift ihrem Schwiegersohn unter die Arme, allerdings nicht ohne Gegenleistung. Er muss verschiedene seiner Liegenschaften und Güter an sie verpfänden. Ihre Geldgeschäfte sind so erfolgreich, dass sie bei ihrem Tod 1634 als reichste Frau des Landes gilt.

Augusta hingegen hält das Geld zusammen. Sie hat nicht nur eine üppige Mitgift, sondern auch die Geschäftstüchtigkeit ihrer Mutter geerbt.

Außerdem hatte sie die Freiheiten, unabhängig von ihrem Ehemann eigene Entscheidungen zu treffen und ihr Geld selbstständig zu verwalten. Ihre anspruchsvollen Aufgaben als Ehefrau, achtfache Mutter und Organisatorin einer fürstlichen Hofhaltung halten sie nicht davon ab, für die Vermehrung ihres eigenen Vermögens zu sorgen. Ihr Sinn für gute Geschäfte wiederum beeindruckt Johann Adolf so sehr, dass er die neue Eindeichung zur Landgewinnung an der Küste seines Hoheitsgebiets nach seiner Ehefrau „Augustenkoog“ benennt und ihr das Land zur Bewirtschaftung überlässt.

Nach dem Tod Herzog Johann Adolfs 1616 übernimmt die 36-jährige Augusta vorübergehend die Vormundschaft ihres minderjährigen Sohnes, des späteren Herzogs Friedrich III., und nimmt politischen Einfluss. Mit Inkrafttreten der umfangreichen Witwenversorgung sind die Voraussetzungen für eine Karriere als Geschäftsfrau für Augusta denkbar günstig. Sie bezieht ihren Witwensitz Schloss vor Husum (vor der Stadtgrenze gelegen), den sie repräsentativ um- und ausbauen lässt, kauft Grundstücke, wenn der Preis ihren Vorstellungen entspricht, Häuser von in Not geratenen Besitzern, dazu ganze Dörfer, zahlreiche Herrenhäuser, große Güter mit vielen Landstellen, einfache Höfe, ertragreiche Waldstücke, Fischteiche und Mühlen in der Umgebung. Es sind Liegenschaften, die sie größtenteils verpachtet oder gegebenenfalls wieder verkauft. Allein mit den Pachteinnahmen und den regelmäßig neu verhandelten Verträgen, bei

Stich des Husumer Schlosses von 1750.

denen nie der Hinweis auf ihre Abstammung fehlen darf, kann sie ihr Vermögen mehren.

Augusta ist aber auch für ihre Untertanen verantwortlich, die allerdings nicht allzu gut auf sie zu sprechen sind, denn sie führt ein strenges Regiment. So erhebt sie eine zusätzliche Steuer, passt die für sie lukrativen Pachtverträge regelmäßig an, besteht auf Einhaltung der ausgehandelten Konditionen und fordert kompromisslos und bei Strafe die Dienste zur Bewirtschaftung ein, alles überwacht von einem ihr ergebenen Verwalter. Augusta ist eine harte Verhandlungspartnerin, durchaus auf den eigenen Vorteil bedacht und mit einem untrüglichen Gespür für ein gutes Geschäft. Ihre Unnachgiebigkeit bekommt ihr Bruder König Christian IV. von Dänemark im Streit über das Erbe ihrer Mutter deutlich zu spüren.

Sie kann aber auch fürsorglich und großzügig sein. Vor allem Kirchen, Schulen und Armenhäuser profitieren von ihrer Spendenbereitschaft. Zusammen mit dem Recht, die Pastorenstellen in ihrem Einflussgebiet neu zu besetzem und der Anordnung, die Predigten auf Hochdeutsch statt in der üblichen Regionalsprache zu halten, nimmt sie intensiv Einfluss auf das kirchliche Leben. Auf sie ist ebenso Verlass, als Wallensteins Truppen im Dreißigjährigen Krieg 1627 in Husum und Umgebung einfallen und erhebliche Zerstörungen verursachen. Augusta hilft zur Begleichung der Kosten aus eigener Schatulle aus. Nach der großen Sturmflut 1634, die die Küstenlinie erheblich verändert, viele Todesopfer fordert und immense Schäden verursacht, erlässt sie ihren Pächtern zeitweilig die Pacht.

Herzogin Augusta hat mit Strenge, Weitblick und klugem Wirtschaften über ihre Ländereien regiert und den wirtschaftlichen Aufschwung in der Region befördert. Die ihr vom Volk zunächst entgegengebrachte Skepsis als junge, vermeintlich unerfahrene Landesmutter wandelt sich in einem späteren Nachruf in Dankbarkeit. Sie stirbt 1639 und ist im Dom zu Schleswig beigesetzt.

SCHLOSS GOTTORF

Seit 1544 ist Schloss Gottorf die Residenz der Herzöge aus der Linie Schleswig-Holstein-Gottorf. Augustas Sohn, Herzog Friedrich III. (1597–1659), hat die umfangreichen Baumaßnahmen seines Vaters fortgesetzt und die imposante Vierflügelanlage an der Schlei als eines der wichtigsten Zentren jener Zeit für Kunst und Wissenschaft in Nordeuropa etabliert. Die große Bibliothek war legendär, die Gartenanlage galt als Vorbild und der begeh- und drehbare Globus, der die bekannte damalige Welt und den Sternenhimmel abbildete, zog stets viele Besucher an. Heute befindet sich Schloss Gottorf in öffentlicher Verwaltung und beherbergt mit den Landesmuseen das kulturelle Erbe Schleswig-Holsteins.

DOROTHEA CHRISTINE
HERZOGIN VON PLÖN, FREIIN VON AICHELBERG
(1674–1762)

EHE ZUR RECHTEN UND ZUR LINKEN HAND

Herzogin Dorothea Christine kämpft viele Jahre ihres Lebens um die rechtmäßige Anerkennung ihrer aus Liebe geschlossenen Ehe und den erbrechtlichen Anspruch ihrer legitimen Nachkommen.

Es war in früherer Zeit durchaus üblich, dass Ehen in adeligen Kreisen arrangiert, im Kindesalter beschlossen oder aus dynastisch politischen Gründen festgelegt wurden, größtenteils ohne Mitsprache der zukünftigen Ehepartner. Umfangreiche Ehekontrakte waren nötig, um eine standesgemäße Versorgung und die Rechte potenzieller Witwen zu gewährleisten, eine Herausforderung, denn eine allgemeingültige juristische Absicherung im Falle des Todes ihrer adeligen Ehemänner gab es nicht. Die Konkurrenz unter den verschiedenen Ehefrauen, Müttern, Schwiegermüttern und Mätressen um das, was als angemessen empfunden wurde, ist genauso groß wie die Suche nach Einsparpotenzial in den weniger begüterten Fürstenhäusern. Liebesheiraten hingegen waren eher selten. Das Leben Dorothea Christines, Freiin von Aichelberg, spätere Herzogin von Plön, ist vom fortwährenden Kampf um die Anerkennung ihrer Ehe und Durchsetzung der Ansprüche für ihre Nachkommen geprägt.

Geboren wurde sie als einziges Kind des Johann Franz von Aichelberg und seiner Frau Anna Sophie von Trautenburg. Der Vater ist Amtmann und zugleich Hofmeister auf Schloss Nordborg auf Alsen, dem Stammsitz des Teilherzogtums Schleswig-Holstein-Sonderburg. Schon als Kind erwirbt sie sich die Gunst der Fürstenfamilie und wird Spielgefährtin der drei Prinzessinnen. Bereits da gibt es erste zarte Bande zum zweitgeborenen Prinzen Christian Carl. Nach dem Tod seines

Das Portrait der älteren Herzogin Dorothea Christine in ihrer standesgemäßen Kleidung hängt heute im Museum Schloss Glücksburg.

Stadt Plön und Schloss in einer Ansicht von 1864.

Vaters Herzog August 1699 folgt Dorothea Christine der Herzoginwitwe Elisabeth Charlotte als Hofdame in die Abgeschiedenheit des Witwensitzes nach Österholm auf Alsen. Die Verbindung zwischen der schönen, klugen und lebensfrohen Hofdame und Christian Carl, der inzwischen in brandenburgisch-preußischen Militärdiensten steht, ist nie abgerissen, besucht er doch oft seine Mutter, wohl auch, um seine Beziehung zur Angebeteten seines Herzens zu vertiefen.

Die Liebe des jungen Paares steht unter keinem guten Stern. Es kommt zu Erbstreitigkeiten zwischen den Prinzenbrüdern, dem älteren Joachim Friedrich und dem jüngeren Christian Carl, der sich in jeder Beziehung ungerecht behandelt fühlt. Der Ertrag aus den ihm zugedachten Besitztümern schließt eine angemessene fürstliche Hofhaltung und damit eine standesgemäße Heirat aus. Christian Carl wird vor die Wahl gestellt, entweder eine begüterte Partie zu heiraten oder aus Kostengründen auf eine Heirat zugunsten seines älteren Bruders zu verzichten. Seine Wahl hat er allerdings längst getroffen.

Die Heiratsabsichten zwischen der lebensklugen Dorothea Christine und dem gut aussehenden Christian Carl stoßen am Fürstenhof wie erwartet auf Ablehnung. Die Braut aus niederem Adel wird als Kammerzofe verunglimpft. Sie gilt als nicht standesgemäß, ihre Vorfahren als mittellos, ihre Eltern als zur

Dienerschaft gehörend. Die Aussicht, eine weitere mögliche Witwe alimentieren oder gar unter ungünstigen Umständen als Regentin akzeptieren zu müssen, sollte unbedingt verhindert werden. Die Liebesheirat ist aber beschlossene Sache und soll heimlich „ungeachtet aller Widersprüche in einem fremden Lande“ vollzogen werden. Die Braut folgt dem Ruf an den Hof nach Dillenburg in Hessen zu ihrer einstigen Jugendfreundin und jüngeren Schwester ihres Bräutigams. Auf Schloss Österholm ist man indessen froh, sich der „lästigen“ Hofdame auf elegante Weise entledigt zu haben.

Am 20. Februar 1702 wird das junge Paar auf Schloss Curti bei Groß-Umstadt im engsten Kreis getraut. In der Heiratsurkunde steht ausdrücklich, dass „von den beiden hochfürstlichen und hochadeligen Personen, die beide die rechten Hände ineinander geschlagen haben, die Trauringe übergeben wurden“. Die Erwähnung der rechten Hände ist insofern wichtig, um die Legitimität zu bezeugen, denn es gibt in Adelskreisen auch eine „Eheschließung zur linken Hand“. Dabei handelt es sich um eine nicht ebenbürtige Verbindung oder eine bestehende Beziehung zu einer Mätresse, die als öffentlich anerkanntes Verhältnis legitimiert wird. Bei der Zeremonie reicht der Bräutigam statt seiner rechten Hand dann die linke. Sie wird morganastische Ehe genannt. Genau als solche bezeichnet der amtierende Herzog, Bruder und Schwager Joachim Friedrich die „Missehe aus Mangel an Ebenmäßigkeit“ und verweigert die Anerkennung, obwohl die Herkunft der Braut unstreitig ist, sie einen Stammbaum mit 16 Ahnen nachweisen kann und über eine kleine finanzielle Unabhängigkeit verfügt. Im Übrigen ist er selbst gerade im Begriff, eine Ehe „zur linken Hand“ zu vollziehen. Er nötigt seinen jüngeren Bruder und seine Familie 1702 in einem Vergleich zum Verzicht auf alle Erbansprüche und fürstlichen Privilegien. Einzig der Namenszusatz „von Carlstein“ und ein bescheidener Witwenunterhalt werden gewährt.

1706 muss dieser tatsächlich in Anspruch genommen werden, denn Christian Carl stirbt unerwartet mit 32 Jahren an den Pocken und hinterlässt seine schwangere Witwe, eine minderjährige Tochter und den legitimen Erben Friedrich Carl, der erst nach seinem Tod geboren wird. Ein Grund mehr für Dorothea Christine, sich die Anerkennung ihrer Ehe und die Ansprüche ihrer Kinder zur Lebensaufgabe zu machen. Sie bereitet ihren Sohn mit einer Vielzahl von honorigen Paten und einer exzellenten Erziehung auf seine späteren Aufgaben als Regent vor, auch wenn die Aussicht, eines Tages regierender Herzog zu werden, eher unwahrscheinlich ist.

Dazu gehört, ihrem Schwager aus dynastischen Gründen die Vormundschaft für den minderjährigen Neffen übertragen zu wollen, die dieser jedoch ablehnt. Sie lässt nichts unversucht, bringt ihr Anliegen wiederholt an den entscheidenden Stellen vor und gibt zwei Rechtsgutachten in Auftrag, die ihr Rechtsmäßigkeit in Bezug auf Ehe und Ansprüche bescheinigen. Unterstützung bekommt sie von ihrer Schwiegermutter. Allein die Hartleibigkeit, mit der ihr Schwager ihr das rechtmäßige Erbe vorenthält, ruft beim dänischen König Friedrich IV. Unmut hervor, bis dieser 1722 ein Machtwort spricht. Er erklärt den 1702 geschlossenen Vergleich für nichtig, die Ehe Dorothea Christines mit Christian Carl für legitim und die Kinder aus der Ehe vollumfänglich für anerkannt und erbberechtigt. Zudem wird Dorothea Christine in den Fürstenstand erhoben und darf als Durchlaucht auf das Schloss Nordborg zurückkehren, wo sie einst als Kind lebte.

Mit dem nicht vorhersehbaren Aussterben der Plöner Nebenlinie und dem plötzlichen Tod Joachim Friedrichs ohne Erben ist unversehens der Weg frei geworden für den jungen Herzog Friedrich Carl von Schleswig-Holstein-Sonderburg-Plön, auch die „Plöner Landen“ zu regieren. 1729 zieht er in das Plöner Schloss ein und lässt seinen früh verstorbenen Vater in die Schlossgruft überführen.

Dorothea Christine wird mit Genugtuung erlebt haben, dass sich ihr intensiver Einsatz für Recht und Anerkennung am Ende gelohnt hat. Sie verbringt ihren Lebensabend erst auf dem Witwensitz Schloss Reinfeld und dann im Witwenpalais in Plön. Mit dem ihr anvertrauten Besitz als Leibgedinge (Leibrente) hat sie so klug gewirtschaftet, dass sie 1746 das Waisen- und Kinderhaus in Plön stiften sowie Pastorenwitwen, ihre Dienerschaft und ihre Enkelkinder großzügig bedenken konnte. Sie stirbt 1762 im hohen Alter von 88 Jahren im Kreis ihrer Familie und wird neben ihrem Ehemann beigesetzt.

DAS SCHLOSS HOCH ÜBER DEM PLÖNER SEE

Das Plöner Schloss ist eines der größten in Schleswig-Holstein und war lange Zeit Residenz der Herzöge der „Plöner Lande“. Der imposante Renaissancebau hoch über dem Plöner See entstand 1632. Mit dem Einzug des letzten Herzogs Friedrich Carl 1729 wurde das Gebäude erheblich erweitert und diente bis 1779 als Witwensitz, später als Sommersitz der dänischen Könige. In preußischer Zeit erhielten die Söhne Kaiser Wilhelm II. in der dort eingerichteten Kadettenanstalt ihre Erziehung, bevor die Nazis ihren Parteinachwuchs im Schloss schulten. Nach 1945 zog ein Internat in die Räume des Schlosses ein, das 2002 wegen der immensen Sanierungskosten an den Brillen-Fabrikanten Günter Fielmann verkauft wurde. Heute ist das Plöner Schloss, aufwendig restauriert, Akademie des Führungsnachwuchses der Augenoptik und für Besucher nach Anmeldung zur Besichtigung zugänglich.

LOTTE HEGEWISCH

(1822–1903)

OHNE SIE KEINE KUNSTHALLE

Sie ist als Mäzenin und Kunststifterin des Grund und Bodens für die Kieler Kunsthalle bekannt und wird als eine Frau beschrieben, die mitten im Leben steht. Patent, zupackend, rigoros, erfinderisch und unerschrocken.

Charlotte Friederike Dorothea Hegewisch wächst zusammen mit ihrer jüngeren Schwester in großbürgerlich-adligen Verhältnissen in Kiel auf. Ihr Vater Franz Hegewisch ist angesehener Arzt, Professor und politisch engagiert. Ihre Mutter führt ein großes Haus und den „Salon", wo sich Künstler, Wissenschaftler und Politiker regelmäßig zum Gedankenaustausch treffen. Es sind gerade diese Diskussionen, die Lotte bereits als Kind mit einer ungewöhnlichen Ernsthaftigkeit verfolgt und die ihr einen „harmlosen Frohsinn schon mit neun Jahren abhandenkommen" lassen. Ihr Wissensdurst lässt sich mit den Kenntnissen, die von einer höheren Tochter erwartet werden, nicht befriedigen. Statt Nähkästchen mit goldenen Nadeln, Fingerhut und Schere hätte sie lieber mehr Unterricht und Anleitung gehabt. Der Mangel an Bildung ist ihr immer schmerzlich bewusst. Stattdessen lehrt sie ihr Vater und sie wird für ihn akzeptierte Gesprächspartnerin und Ratgeberin. Einzig in ihrer Leidenschaft für das Malen und Zeichnen wird sie durch Privatunterricht gefördert, der ihr später bei ihren zahlreichen Zeichenschülerinnen nützlich ist.

Lotte fügt sich in die engen Grenzen, die ihr die gesellschaftlichen Konventionen stecken, und stellt ihr Leben ganz in die Fürsorge ihrer Familie. Sie wird gebraucht als Unterstützung ihres überarbeiteten Vaters, führt den Haushalt für die oft kränkelnde Mutter und hilft ihrer lebensuntüchtigen Schwester. Den Heiratsantrag ihres Cousins Hermann Dahlmann lehnt sie ab, mit der Begründung, die Familie könne nicht auf sie verzichten. Sie bleibt ihr Leben lang unverheiratet und kinderlos und erklärt:

„Ich legte zu sehr alles auf die Waage ... grübelte viel, hatte wohl auch schon zu früh tiefe Blicke getan in Verhältnisse, in Herzen, in Leidenschaften und deren Folgen, in Ansprüche usw. und fühlte in mir die Kraft nicht weder hohen Ansprüchen zu genügen, weniger noch Schlaffheiten, Trivialitäten oder Frivolitäten zu ertragen,– so ward ich mehr und mehr kritisch und entsagend."

Mit dem Tod ihrer Eltern und ihrer Schwester 1866 verliert sie zunächst auch ihren Lebensinhalt und beklagt: *„Nun bin ich allein, ohne Aufgabe, ohne ein Herz, das mir gehört, dem ich angehöre ... nun bin ich für mich allein."* Sie nimmt aber selbstbewusst die Herausforderung an, ihr Leben als alleinstehende Dame

Lotte Hegewisch führte in Kiel einen literarischen Salon.

der Gesellschaft selbst in die Hand zu nehmen und auch unpopuläre Entscheidungen zu treffen und durchzusetzen.

Lotte geht oft auf Reisen, hält Kontakt zu Freunden und Verwandten, hilft, wo sie kann, hat für alle Sorgen und Nöte ein Ohr und für Durchreisende eine offene Tür. Sie beschließt, ihr Elternhaus in der Innenstadt zu verkaufen und mit dem Geld den Familiensommersitz, den ihr Vater 1820 erworben hat, winterfest und zu ihrem neuen Lebensmittelpunkt zu machen. Die Pläne für das Vorhaben entwirft sie selbst und hält daran fest, trotz „allseitiger Missbilligung und anderer Vorschläge". Zudem legt sich sie mit der Verwaltung an, die ihr unbegründete Steuern abverlangt, empört sich über Forderungen aus alten Besitzverhältnissen und empfindet die vielen Bettelbriefe, die sie erreichen, bisweilen als unverschämt.

Das Anwesen „Klein-Elmeloo", benannt nach dem Familiensitz ihrer Mutter, liegt idyllisch auf einem Hügel mit Blick auf die Förde. 1877 ist das Haus bezugsfertig und Lotte zieht ein. Sie setzt die Tradition des Salons fort, organisiert Gesellschaften, Bälle, Hochzeiten und gibt Zeichenunterricht. Sie bekennt, „ohne Klein-Elmeloo zu haben möchte ich nicht in Kiel noch anderswo leben".

Ihre Leidenschaft gehört aber auch der Kunst. Sie wird Mitglied des 1843 gegründeten Kunstvereins, stiftet einige Werke und sorgt sich vor allem um die Museumsbestände, die nach dem Abriss der alten Kunsthalle nur provisorisch eingelagert wurden. Die Stadt Kiel braucht dringend ein neues Haus für die Kunst und der Schlossgarten scheint dafür der geeignete Ort zu sein. Man hofft, dass Lotte einen Teil ihres angrenzenden Grundstückes dafür zur Verfügung stellt. Sie kann sich aber nicht dazu entschließen, denn ihr schwebt eine große Lösung vor - quasi als ihr Vermächtnis. Es gelingt ihr ein genialer Schachzug, der sie der Verantwortung für ihren Besitz enthebt und vor selbst erfahrenem Undank schützt, gerade noch rechtzeitig, bevor die ersten Bäume im Schlossgarten gefällt werden sollen.

1887 vermacht Lotte Hegewisch in ihrem Testament die 6000 Quadratmeter große Liegenschaft „Klein-Elmeloo" samt Haus der Stadt Kiel mit der Auflage, dass nach ihrem Tod das

Haus abzureißen und innerhalb von fünf Jahren ebenda eine Kunsthalle zu errichten sei. Einen anderen Standort in Kiel schließt sie ausdrücklich aus. Bis dahin genießt sie Wohnrecht. Die Stadtverwaltung nimmt das Testament an, legt die alten Pläne ad acta, muss aber noch bis 1903 Geduld haben, bis der Erbfall eintritt und 1909 die neue Kunsthalle in Kiel eröffnet werden kann. Für ihre großzügige Stiftung wird sie noch zu Lebzeiten mit einer Kaiser-Brosche geehrt und eine Straße in Verlängerung des Schlossgartens wird in Hegewischstraße umbenannt.

In ihrer Autobiografie schaut Lotte Hegewisch dankbar auf ihr Leben, in dem sie „nachhaltige Freude an allem Schönen" hatte und „bleibende Eindrücke fürs Leben an Kunst und Natur und Erfahrungen" sammelte. Es schwingt aber auch Bitterkeit und Enttäuschung mit, als sie feststellen muss, dass ihr niemand aus dem weitläufigen Freundeskreis, für den sie immer ein offenes Ohr hatte, in schweren Zeiten zur Seite steht.

„Das war mir doch eine gute Lehre, dass ich nicht viel erwarten, nicht viel verlangen … auf Freunde nicht zu viel Vertrauen setzen durfte."

Dass Lotte Hegewisch auch Humor besaß, zeigt folgende Anekdote. Ein Pfauenpaar lebte in ihrem Garten und sorgte mit seinem dauernden Geschrei bei Professoren und Patienten in den umliegenden Kliniken für Unmut. Man bat sie, die Tiere abzuschaffen. Mit Verständnis, aber schweren Herzens kam sie der Bitte nach, ließ die Pfauen schlachten, braten und setzte sie den verdutzten Doktoren und Professoren bei einem Abendessen vor. Die Federn dienten als Tischschmuck und aus dem Rest „machte ich mir einen hübschen Muff".

CHARLOTTE ERASMI

(1827–1893)

DAS GLÜCK IN DOSEN

Unternehmerin der Frühindustrialisierung, Besitzerin einer Dosenkonservenfabrik in Lübeck.

Johanna Dorothea Charlotte Erasmi, geborene Reinboth, kommt 1827 in Lübeck zur Welt. Sie arbeitet schon in jungen Jahren in der elterlichen Gewürz- und Materialwarenhandlung und ist für die Warenauslieferung zuständig.

Charlotte heiratet zunächst den Sohn eines Weinhändlers aus der unmittelbaren Nachbarschaft, Albert Erasmi, mit dem sie insgesamt sechs Kinder hat. Der Weinhandel hält die Familie mehr schlecht als recht über Wasser und

Stellvertretend für die Firmengründerin sei hier auf den Briefkopf der Nachfolgefirma ihres Sohnes Paul von 1889 verwiesen.

als ihr Mann 1865 stirbt, beschließt Charlotte, das Geschäft aufzugeben und für sich und ihre Familie auf andere Weise einen Lebensunterhalt zu erschließen. Als Witwe, Mutter und Frau ohne großen finanziellen Rückhalt ist guter Rat teuer. Sie braucht eine zündende Idee und die bekommt sie durch ihren Garten. Jedes Jahr zur Erntezeit stellt sie sich die Frage: Wie können die Gartenfrüchte so bearbeitet werden, dass sie die Lagerung in der Winterzeit mit möglichst wenig Verlusten und lange genießbar überstehen? Ist die Haltbarmachung von Lebensmitteln über die Wintermonate hinaus möglich?

Fragen, mit denen man sich zu Beginn des 19. Jahrhunderts auch anderswo in Europa intensiv beschäftigt. Es ist zuallererst der französische Feldherr Napoleon, den in Vorbereitung seiner Feldzüge in Europa die Versorgung der Truppe mit haltbarem Essen umtreibt. 1795 lobt er 10.000 Goldfranc aus für denjenigen, der seine Soldaten im Feld verköstigen kann, ohne Plünderungen oder Beschlagnahmungen bei der einheimischen Bevölkerung in Kauf nehmen zu müssen. 1810 erhält der Franzose Nicolas Appert (1749–1841) – Koch, Konditor und Erfinder – das Preisgeld für die Methode des Erhitzens der Lebensmittel bei gleichzeitig luftdichtem Konservieren in versiegelten Glasbehältern. Damit ist das Einkochen erfunden. Gläser sind aber für den Transport im Feld unpraktisch und so bedarf es der Erfindung der Weißblechdose in England, um die Dosenkonservierung zur Erfolgsgeschichte in ganz Europa werden zu lassen.

Die Dosenkonserven werden zunächst im großen Stil aus Frankreich nach Deutschland exportiert, bevor in Deutschland mehrere Firmen gegründet wurden. So auch in Lübeck, wo Charlotte Erasmi ihre Chance sieht. Mit ihrem zweifellos ausgeprägten Geschäftssinn, ihrem Interesse an technischen Neuerungen und angeregt durch das Vorbild der Konservenfabrik „D. H. Carstens“, die seit 1845 Kunde im elterlichen Gewürzhandel ist, richtet sie sich 1866 in ihrem Haus eine Einkochküche ein, erst für den Eigenbedarf, später auch für den Verkauf des Überschusses. Für die Zeit, in der der Garten ruht, hat sie ebenfalls eine Idee. Sie entwickelt Süßigkeiten wie das für Lübeck so typische Marzipan, ein Geschäftszweig, den einer ihrer Söhne später übernehmen wird.

Die Qualität der Produkte ihrer Firma für Büchsen- und Gläserkonserven spricht sich schnell herum und zusammen mit ihrem Verkaufstalent erarbeitet sie sich einen großen Kundenstamm, sogar im Ausland. 1870 wird ihre Firma als „Fabrik für haltbare Speisen“ in das Lübecker Handelsregister aufgenommen. Sogar das deutsche Kaiserhaus wird auf die umtriebige Unternehmerin aufmerksam. Charlotte Erasmi erhält den Auftrag, die deutschen Kolonien mit einheimischer Dosenkost zu versorgen, quasi als Gruß aus der Heimat, und wird offiziell zur Hoflieferantin. Das Geschäft floriert, nur ihr Garten, der zu Beginn die Rohstoffe lieferte, ist längst zu klein geworden und weitere Anbauflächen für Obst und Gemüse rund um Lübeck kommen hinzu. Pilze sind offenbar eine wichtige Zutat in den Dosenmahlzeiten und um möglichst unabhängig von Lieferanten zu sein, experimentiert sie im Keller ihres Hauses mit einer Champignonzucht.

Charlotte Erasmi hat mit unternehmerischem Weitblick ihre Firma zur größten und erfolgreichsten ihrer Art in Norddeutschland aufgebaut. 1882 zieht sie sich zurück und übergibt ihren Söhnen die Geschäftsleitung. Die Erfolgsgeschichte der einstigen Konservenfabrik setzt sich bis heute unter dem Markennamen „Erasco“ fort.

JOHANNA MESTORF

(1828–1909)

OHNE STUDIUM UND DOCH GELEHRT

Sie ist die erste Frau im Königreich Preußen, die den Titel Professor führen darf, erhält zahlreiche Ehrungen für ihre wissenschaftlichen Arbeiten auf dem Gebiet der Ur- und Frühgeschichte Nordeuropas, ist Museumsdirektorin und Institutsleiterin der Christian-Albrechts-Universität in Kiel.

Johanna Mestorf wird als viertes von neun Kindern 1828 in Bad Bramstedt geboren. Das Interesse an Wissenschaft und Forschung scheint ihr in die Wiege gelegt worden zu sein. Sie wächst mit der Sammlung prähistorischer Funde ihres Vaters auf, der neben seiner Tätigkeit als Arzt Zeit für Feldforschung findet.

Johanna Mestorf mit der ihr verliehenen kaiserlichen Brosche für ihre herausragende wissenschaftliche Arbeit.

Nach der Höheren-Töchter-Ausbildung eröffnet sich ihr die Möglichkeit, als Erzieherin bei einer Grafenfamilie in Schweden zu arbeiten. Sie lernt die Sprache und beschäftigt sich mit der nordeuropäischen Altertumskunde. Als sich ihr eine ähnliche Gelegenheit in Italien bietet, vervollständigt sie ihr Wissen um die italienische Sprache und die klassische Archäologie. Ihr Sprachtalent nutzt sie für Übersetzungen wissenschaftlicher Texte und fördert so später einen regen Wissensaustausch.

Ihr Ziel ist aber ein ganz anderes. 1868 äußert sie, dass es ihr „höchster Wunsch sei, die vaterländischen Schätze in Obhut zu nehmen, zu ordnen, zu pflegen und zu verwalten". Gemeint ist hier der Museumbestand vaterländischer Altertümer, der in Kiel provisorisch eingelagert ist und ein trauriges Dasein fristet. Durch Empfehlung wird ihr 1873 die Aufgabe als Kustodin für das Kieler Museum übertragen, eine Aufgabe, auf die sie fünf Jahre hingearbeitet hat und die mit dem Umzug des Museumsbestandes in das alte Universitätsgebäude beginnt. Die prähistorische Sammlung wird ihr bevorzugtes Forschungsgebiet. Sie bringt insgesamt 180 wissenschaftlich hoch anerkannte Veröffentlichungen heraus, systematisiert und erweitert die ur- und frühhistorischen Bestände, führt die zentrale Magazinierung der Funde ein und ermöglicht den öffentlichen Zugang zu Forschungszwecken.

„In ihrem Museum haust dieses zierliche feine Persönchen mit ihren großen Augen ... inmitten ihrer Urnen und Töpfe, samt ihrer Moorleiche ... tief gelehrt und kunstsinnig ... im wissenschaftlichen Streit dem Stärksten gewachsen, dabei für sich selbst rührend anspruchslos ", so ein Zeitgenosse.

Trotz bester Reputation verweigert man ihr die Gasthörerschaft an der Universität mit der Begründung „mangelnder Erziehung und Schulbildung der Frauen" und mit dem „von der Natur gesetzten physiologischen und geistig moralischen Abstand der Geschlechter". Aber sie erreicht immerhin, dass der zuständige Minister sie nicht nur als Museumsdirektorin, sondern auch als Institutsleiterin der Universität durchsetzt, obwohl sie keine klassische Hochschullaufbahn vorweisen kann.

1899 ernennt die philosophische Fakultät Johanna Mestorf zur Professorin, eher ein symbolischer Titel, mit dem sie weder Teil des Lehrkörpers ist, noch Vorlesungen halten darf. Zehn Jahre später entschließt sich die medizinische Fakultät der Universität Kiel anlässlich ihres Ruhestandes, sie dann doch wenigstens mit der Doktorwürde ehrenhalber für ihre Forschung zu den Moorleichen zu ehren. Und auch Kaiser Wilhelm II. würdigt die Leistungen von Johanna Mestorf, in dem er ihr eine Brosche und ein gerahmtes und signiertes Foto seiner selbst zukommen lässt, mit der Bemerkung, „eine andere Ehrung sei für Frauen nicht vorgesehen".

„Die Frau mit dem scharfen Verstand, die Zierde der Wissenschaft" wird bis ins hohe Alter in zahlreiche wissenschaftliche Gesellschaften berufen und stirbt 81-jährig 1909 in ihrer Wohnung in der Falckstraße in Kiel.

HENRIETTE HIRSCHFELD-TIBURTIUS

(1834–1911)

WAS ZAHNSCHMERZEN BEWIRKEN KÖNNEN

Sie ist Deutschlands erste akademisch ausgebildete Zahnärztin mit eigenem „Zahnatelier", Hofärztin des Kaiserhauses und Vorkämpferin für das Frauenstudium. Mut, Beharrlichkeit und Durchsetzungswillen haben ihren so außergewöhnlichen Lebensweg erst möglich gemacht.

Die gebürtige Sylterin Henriette Hirschfeld-Tiburtius war die erste weibliche Zahnärztin Deutschlands.

Die Pastorentochter Henriette Therese Friederike Pagelsen kommt 1834 als drittes Kind in Westerland auf Sylt zur Welt. Von ihrem Vater, Pastor an der St.-Niels-Kirche, erhält sie eine einfache Ausbildung, „... die es mir nicht ermöglicht auf eigenen Füssen zu stehen. Ich machte mich im Hause nützlich, las Romane, glücklicherweise ohne Schaden davon zu nehmen und verwendete viel zu viel Zeit auf feine Weißstickerei".

Ihr Interesse, Latein zu lernen, bremst ihr Vater, weil er fürchtet, dass Frauen mit Lateinkenntnissen nie einen Mann finden werden. Selbstbestimmung und Berufstätigkeit ist für Frauen gesellschaftlich nicht vorgesehen, der Lebensweg als Hausfrau und Mutter ist stattdessen die Bestimmung.

Damit Henriette „versorgt" ist, wird sie 1854, erst 19-jährig, in eine arrangierte Ehe mit dem zwölf Jahre älteren Christian Conrad Hirschfeld gedrängt, mit dem sie den großen Erbpachthof Hammer bei Kiel bewirtschaftet.

Die Hoffnung ihrer Schwiegereltern, Henriettes Willensstärke und Durchsetzungskraft könnten die Alkoholsucht und Unselbstständigkeit ihres Sohnes positiv beeinflussen, erfüllt sich nicht. Stattdessen führen Sucht, Geldsorgen und Gewalt 1863 zur offiziellen Scheidung. Henriette muss mit den Folgen und mit dem gesellschaftlichen Stigma leben. Sie verlässt Schleswig-Holstein auf Einladung einer Freundin und sucht ihr Glück in der Anonymität der Großstadt Berlin.

Ein Artikel über zwei englische Schwestern, die in Amerika als erste Frauen das Medizinstudium abgeschlossen haben und in New York als niedergelassene Ärztinnen praktizieren, lässt sie nicht mehr los. Ihre eigenen schmerzhaften Zahnprobleme seit Kindertagen und die Erfahrungen mit unsensiblen Zahnärzten sind Gründe für ihre Entscheidung, selbst Zahnärztin zu werden. In Amerika scheinen ihr die Voraussetzungen für ein Studium als Frau günstiger zu sein und sie beschließt, den Schritt nach Übersee zu wagen. Das ist 1866 und Henriette ist 32 Jahre alt, geschieden, mittellos, ohne richtige Schulausbildung und ohne ausreichende Englischkenntnisse, aber mit dem festen Willen ausgestattet, ihren Traum in die Tat umzusetzen. Das Geld für die Schiffspassage leiht sie sich bei Familie und Freunden. Mit viel Überzeugungsarbeit und einer guten Portion Hartnäckigkeit gelingt es ihr, am Dental College in Philadelphia aufgenommen zu werden. Als einzige Frau in den Vorlesungen erarbeitet sie sich mit Fleiß, schneller Auffassungsgabe und besten Ergebnissen den Respekt ihrer Professoren und Kommilitonen, die sie zur „little mother oft the class" küren. Mit dem Titel „Doctor of Dental Surgery" kehrt sie 1869 im Alter von 35 Jahren nach Berlin zurück und eröffnet ein „Atelier zur Zahnbehandlung". Von der männlichen Kollegenschaft mit Skepsis beäugt, erhält sie zwar eine Zulassung, darf aber nur Frauen und Kinder behandeln. Auch die Damen der gehobenen Gesellschaft sind zunächst zurückhaltend und schicken ihr weibliches Personal vor. Schnell spricht sich aber herum, mit welchem Einfühlungsvermögen sie Zahnprobleme behandelt. Kronprinzessin Viktoria wird auf die bis dahin einzige weibliche Zahnärztin in Berlin aufmerksam und macht sie zur offiziellen Hofärztin des Kaiserhauses.

1872 heiratet Henriette den Militärarzt Karl Tiburtius und bekommt zwei Söhne, gibt aber ihre Berufstätigkeit nicht auf. Sie ruft viele karitative Projekte zur speziellen medizinischen Versorgung von Frauen ins Leben und eröffnet 1876 zusammen mit ihrer Schwägerin Franziska Tiburtius und ihrer Kollegin Emilie Lehmus, beides Ärztinnen, die erste allein von Frauen geleitete Poliklinik in Deutschland.

Als Henriette Hirschfeld-Tiburtius 1911 in Berlin stirbt, beendet gerade der erste Jahrgang junger Ärztinnen das Studium an deutschen Universitäten.

DIANA GRÄFIN VON REVENTLOW-CRIMINIL

(1863–1953)

DIE GRÄFIN, DIE DER WELT ABHANDENKAM

„Es gibt viele Reventlows, doch nur eine Criminil", so ein Zeitgenosse über die heute fast vergessene Hallig-Gräfin im Wattenmeer, die ein Leben zwischen Noblesse und Bodenständigkeit, zwischen Reiselust und Heimatliebe und nicht zuletzt zwischen Jet-Set und selbstgewählter Einsamkeit führt. Trotz aller attestierten Unnahbarkeit ist sie ein Familienmensch, hat ein Herz für Tiere und hilft Freund und Feind in der Not.

Diana Henriette Adelaide Charlotte Gräfin von Reventlow-Criminil wächst auf Gut Emkendorf mitten in Schleswig-Holstein als Tochter des Grafen Carl Adelbert von Reventlow, Attaché der dänischen Gesandtschaft, und seiner schottischen Frau Isabella of Wemyss auf. Aufgrund ihrer adeligen Herkunft begibt sie sich als junge Frau zur Vervollständigung ihrer Erziehung auf „Wanderschaft" an die Höfe in Europa und lernt so das Leben ihres Standes intensiv kennen. Die Comtesse gilt als eigenwillig, durchsetzungsstark, extravagant, unnahbar und durchaus attraktiv, als eine, die aber trotz vieler Angebote ein unverheiratetes Leben vorzieht. Ihr Familiensinn ist dafür umso ausgeprägter. Aufopferungsvoll pflegt sie ihren Vater und sorgt dafür, dass ihr Bruder nicht enterbt wird, sondern das Familiengut weiterführen kann. Nach dem frühen Tod ihrer Schwägerin nimmt sie ihrem Bruder auch die Sorge um seine Kinder ab und kümmert sich um die Erziehung ihrer Nichte und der beiden Neffen.

Die Gräfin im reifen Alter mit Pelzstola als extravagante Dame.

Die Hallig Südfall ist 0,56 km² groß und mehr als 40 Jahre lang das Zuhause der Hallig-Gräfin.

1910 entschließt sich die Gräfin, das Familiengut zu verlassen und sich in die Einsamkeit der Hallig Südfall zurückzuziehen, die sie für sich gekauft hat und für ihre Bedürfnisse ausbauen lässt. Das Eiland im Wattenmeer wird für 43 Jahre ihr Zuhause, zunächst nur in den Sommermonaten, später auch ganzjährig. Hier hofft sie auf Linderung ihrer Lungenprobleme. Sie ist eine außergewöhnliche Erscheinung mit ihrer Ledermütze, Stiefeln und Wollumhang, die mit ihrem kleinen Hofstaat und jeder Menge Tiere so gar nicht in die herb-friesische Landschaft passt. An harte Arbeit ist sie nicht gewöhnt und auf die Annehmlichkeit einer großen Dienerschaft mag sie nicht verzichten. Das Frühstück im Bett ist für sie genauso selbstverständlich wie das morgendliche Bad im Meerwasser, das ihr Kutscher mit Eimern herbeibringt. Einzig ihre Wortkargheit verbindet sie mit dem Menschenschlag der Uthlande.

Aber sie erwirbt sich auch Respekt, weil sie das Wohl der Tiere mehr als einmal über ihr eigenes stellt. Bei einer schweren Sturmflut 1936 lässt sie die Dienerschaft in Sicherheit zurück, sie selbst aber beruhigt ihre Pferde im Stall, obwohl sie schon bis zur Hüfte im Wasser steht und von Wellen umspült wird. Da ist sie bereits 74 Jahre alt. Und als zwei Pferde bei einem Unfall im Watt so schwer verletzt sind, dass Rettung nicht möglich ist, tut sie das, was getan werden muss, zieht ihren kleinen Revolver, den sie immer bei sich führt, und erlöst die Tiere umgehend von ihrem Leid.

Die couragierte Gräfin macht auch aus ihrer politischen Überzeugung keinen Hehl. Die Nazis bezeichnet sie als „braune Bagage“. Als sie einmal einen Laden mit dem üblichen Gruß „Guten Tag“ betritt und man ihr mit „Heil Hitler“ antwortet, erwidert sie „Was hat der damit zu tun?“.

Schon in Kriegszeiten verirrt sich ein junger britischer Bomberpilot auf die Hallig, der tags zuvor mit seinem Flugzeug ins Watt gestürzt ist und sich mit einem Schlauchboot auf eine vermeintliche Sandbank hat retten können, die sich als Rest des einst untergegangenen Ortes Rungholt erweist. Die Gräfin gewährt „dem Feind“ trotz aller Risiken einige Zeit bei sich Unterschlupf, genießt seine Gesellschaft und die Tatsache, mit ihm Englisch sprechen zu können, die Sprache ihrer Mutter. Ebenso hilft sie vielen anderen von dem Naziregime Bedrängten.

Die exzentrische Hallig-Gräfin beweist aber auch ihren Sinn für Humor. Der Fährmann Julius Hahn lässt seinen neuen Frachter zu Ehren der Gräfin auf ihren Namen „Diana“ taufen und hofft auf ein Taufgeschenk der Patin in Form einer finanziellen Beteiligung. Die Gräfin hingegen tauft ihren neuen Hahn in ihrer Hühnerschar auf den Namen „Julius“ und verkündet dem verdutzten Fährmann, dass er jetzt Pate für das Federvieh und man damit quitt sei.

Gräfin Diana stirbt 1953 90-jährig auf ihrer Hallig und wird in St. Catharinen am Westensee beigesetzt. Im Nachruf sprechen Dienerschaft und Mitbewohner ehrfurchtsvoll von ihr als hilfsbereiter und gütiger Arbeitgeberin, mütterlicher Freundin und fürsorglicher Tierliebhaberin. Und man ist sich sicher, durch ihr persönliches Engagement hat sie vielen Menschen geholfen und ohne sie wäre die Hallig Südfall um viele Geschichten ärmer.

STURMFLUTEN FORMEN DIE KÜSTE

Unter dem oben verwendeten Begriff Uthlande (Außenland) versteht man die dem friesischen Festland vorgelagerten Inseln, Halligen und Marschgebiete, zu denen auch der legendäre Handelsort Rungholt nordwestlich von Südfall gehörte. Er ging zusammen mit einem Großteil der Küstenlinie bei einer verheerenden Sturmflut, der Groten Mandränke, im Jahr 1362 unter. Erst 1921 traten einige Überreste von Warften, Zisternen, Schleusen und Keramiken wieder zum Vorschein.

PRINZESSIN IRENE VON HESSEN

(1866–1953)

AUS SORGE UM DIE KINDER

Gründerin des ersten Kinderkrankenhauses und der speziell auf Kinderkrankenpflege ausgerichteten Heinrich-Schwesternschaft in Kiel.

Die Prinzessin mit ihrem Sohn Heinrich auf dem Schoß kurz vor seinem Tod 1904.

Prinzessin Irene Louise Maria Anna wird 1866 als Tochter Großherzogs Ludwig IV. von Hessen und bei Rhein und seiner Frau Prinzessin Alice von Großbritannien und Irland in Darmstadt geboren und erlebt mit ihren Geschwistern eine behütete Kindheit. Trotz ihrer adligen Herkunft legt ihre Mutter großen Wert darauf, dass ihre Kinder Verantwortung übernehmen. Sie sind für Sauberkeit und Ordnung ihrer Zimmer ebenso zuständig wie für das Bettenmachen. Und auch in die karitativen Aufgaben werden die Kinder früh eingebunden.

Der plötzliche Tod ihres Bruders Friedrich, der 1873 nach einem Sturz verblutet, ist für Irene und die ganze Familie ein Schock. Er leidet an Hämophilie, der Bluterkrankheit, die im englischen Königshaus ihren Ursprung hat und sich von dort in den europäischen Hochadel verbreitet. Diese bis dahin nicht heilbare Genmutation betrifft nur die männliche Linie. Die weiblichen Familienmitglieder geben sie weiter, ohne selbst zu erkranken.

1888 heiratet Irene von Hessen Prinz Heinrich von Preußen, den Bruder Kaiser Wilhelms II., und zieht mit ihm zunächst in das Kieler Schloss, 1894 auf das Landgut Hemmelmark bei Eckernförde, wo die drei Söhne aufwachsen. Prinzessin Irene muss 1904 erleben, dass sich das Schicksal wiederholt. Auch ihr jüngster Sohn Heinrich leidet an der Erbkrankheit und stirbt im Alter von nur vier Jahren nach einem Sturz an einer Hirnblutung. Prinzessin Irene erkennt, dass das Gesundheitswesen im Allgemeinen und in Kiel im Besonderen nicht auf die spezielle Pflege der kleinen Patienten ausgerichtet ist. Kiel hat zwar seit 1862 Akademische Heilanstalten, eine Kinderklinik gibt es jedoch nicht.

Prinzessin Irene gründet 1905 eine Gesellschaft zum Aufbau des Heinrich-Kinderhospitals (kurz: Hei-Ki-Ho) und einer speziell auf Kinder ausgerichteten Krankenpflege, die sich in der Heinrich-Schwesternschaft organisiert, zu erkennen an der einheitlichen Tracht, Haube und der Brosche mit den Initialen der Prinzessin. Mit eingeworbenen Spenden und einem Zuschuss des Preußischen Staates wird ein Anwesen am Lorentzendamm 10 mit großem Garten erworben, für die Zwecke umgebaut und 1906 als erstes Kinderkrankenhaus Kiels eingeweiht. Schnell ist klar, die vier Zimmer für 16 Säuglinge und Isolierstation werden nicht ausreichen, und so kommen im Laufe der Zeit die Nachbarhäuser dazu. Der gesamte Komplex fällt 1944 einem Bombenangriff zum Opfer, bis auf das Mutterhaus der Schwesternschaft, das erst viele Jahre später einem Neubau weichen muss.

Prinzessin Irene setzt ein weiteres Ziel um, die Einrichtung einer Säuglings-Kinder-Krankenpflegeschule, die 1917 als erste im deutschen Kaiserreich die staatliche Anerkennung erhält, über Bedarf ausbildet und Vorbild für die Kinderkrankenpflege in ganz Deutschland wird.

1921 wird das bis dahin von Spenden finanzierte Kinderkrankenhaus aus wirtschaftlichen Gründen in das Universitätsklinikum integriert. Die Heinrich-Schwesternschaft bleibt aber eigenständig, bis sie 1938 in den Verband

Das Erkennungszeichen der Heinrich-Schwesternschaft, die Brosche mit den Initialen der Prinzessin, und das heutige Rundlogo der DRK-Schwesternschaft.

der Schwesternschaften des Deutschen Roten Kreuzes eingegliedert wird und sich nach dem zweiten Weltkrieg 1947 als Verein der DRK-Heinrich-Schwesternschaft e.V. neu gründet.

Kurz vor Ende des Zweiten Weltkrieges verliert Prinzessin Irene auch ihren zweiten Sohn Waldemar an die „Krankheit der Könige“. Sie bleibt dem von ihr gegründeten Hospital und der Heinrich-Schwesternschaft bis zu ihrem Tod 1953 eng verbunden.

Prinzessin Irene, Gründerin des ersten Kieler Kinderkrankenhauses.

FRANZISKA (FANNY) GRÄFIN ZU REVENTLOW

(1871–1918)

SEHNSUCHT NACH FREIHEIT

Schriftstellerin, Übersetzerin, Schauspielerin, Künstlerin, Avantgardistin, „Skandalgräfin“ und Muse der Münchner Boheme-Szene.

Freiheitsdrang und Selbstbestimmung in allen Dingen kennzeichnen das allzu kurze Leben der Husumer Comtesse aus einer uralten schleswig-holsteinischen Adelsfamilie, die gegen gesellschaftliche Konventionen der Kaiserzeit bis hin zum Bruch mit der Familie aufbegehrt.

Fanny zu Reventlow wächst mit ihren vier Geschwistern in einem preußisch strengen Elternhaus im Husumer Schloss auf. Mit den gewünschten Tugenden einer „höheren Tochter“ kann der „Wildfang“ nichts anfangen. Sie erfährt dafür Unverständnis, Strafe und Zurückweisung und fühlt sich ungeliebt und überflüssig. Der erzwungene Aufenthalt in einem Mädchenpensionat 1885 gerät zum Desaster, ihr Wunsch nach einem Studium, um ihren

Wissensdurst zu stillen, wird als nicht standesgemäß abgelehnt. Die Eltern werden mit ihrer rebellischen Tochter nicht fertig, erwägen sogar eine Entmündigung und schicken sie zu ihrer Patentante ins Kloster Preetz, wo sie zum ersten Mal ihren Neigungen entsprechend gefördert wird. Sie bekommt Zeichenunterricht und hat den Wunsch Künstlerin zu werden.

1889 zieht die Familie nach Lübeck und für Fanny stellen sich die Weichen neu. Sie darf eine Lehrerinnenausbildung beginnen, die sie trotz „fortwährender Disziplinlosigkeit" 1892 abschließt. Die damit verbundene Ehelosigkeit wird Fanny, wie alle sie einengenden Konventionen, ignorieren. Im Lübecker Ibsen-Club kommt sie in Kontakt mit den Lehren Nitzsches und kann mit Gleichgesinnten über Tabuthemen wie Frauenbildung, Emanzipation und Gleichberechtigung in der Ehe diskutieren. Der intensive Briefwechsel mit ihrer ersten heftigen, aber rein platonischen Liebe Emanuel Fehling wird entdeckt und führt zum Eklat in der Familie. Fanny soll als weitere Disziplinierung in einem Adelbyer Pastorenhaushalt „Moral und Haushalt" lernen. Sie empfindet das als „Strafversetzung" und schmiedet einen Plan zur geheimen Flucht, wohl wissend, dass es dadurch zum endgültigen Bruch mit der Familie kommen wird.

Fanny zu Reventlow unterrichtet ihren Sohn Rolf 1905.

Mit einem geliehenen Koffer und etwas Geld kommt sie zunächst nach Hamburg, wo sie sich Hals über Kopf verlobt. Ihr Verlobter ist es auch, der ihr einen Aufenthalt in einer privaten Malschule in der angesagten Künstlermetropole München finanziert. Ihr sehnlicher Wunsch, Künstlerin zu werden, scheint in Erfüllung zu gehen. Die unkonventionelle Lebensweise in Künstlerkreisen bleibt indes nicht ohne Folgen. Fanny kehrt zu ihrem Verlobten zurück, verschweigt aber ihre Schwangerschaft, die nach der kurzfristigen Hochzeit 1894 mit einer Fehlgeburt endet. Als sie ihrem Ehemann den Ehebruch erst zwei Jahre später beichtet, kommt es zur Scheidung.

Zurück in München folgt eine Zeit höchster Kreativität. Sie veröffentlicht Aufsätze, Essays, Novellen und Romane, schreibt Tagebuch und übersetzt. Mit der Änderung ihres Taufnamens von „Fanny" in „Franziska" versucht sie ihr

Die Schriftstellerin Franziska zu Reventlow mit Rüschenbluse um 1900.

vorheriges Leben hinter sich zu lassen und erfindet sich quasi neu.

Ihr unbändiger Freiheitsdrang und ihr unsteter Lebenswandel fordern aber auch ihren Tribut. Sie verliert sich in vielen Affären. Es plagen sie immer wieder finanzielle Nöte, die sie mit Gelegenheitsprostitution überbrückt. Sie kehrt Deutschland den Rücken und zieht nach Ascona in die Schweiz, wo sie selbst vor einer Scheinehe nicht zurückschreckt.

Die einzige Konstante in ihrem Leben ist ihr Sohn Rolf, der 1897 zur Welt kommt und dessen Vater unbekannt bleibt. Ihm schenkt sie all die Liebe und Aufmerksamkeit, die sie selber so schmerzlich vermisst hat. Aufgrund ihrer Lehrerausbildung erreicht sie, dass sie ihren Sohn alleine zu Hause unterrichten darf, ohne Einfluss des restriktiven wilhelminischen Schulsystems, der Kirche oder ihrer wechselnden Liebhaber. Die Bindung zwischen Mutter und Sohn ist so eng, dass Franziska alles daransetzt, ihn vor dem Kriegsdienst im Ersten Weltkrieg zu bewahren und ihm während des Heimaturlaubs bei einer Nacht-und-Nebelaktion zur Desertation in die neutrale Schweiz verhilft. Die Freude darüber währt nur kurz. Sie stirbt unerwartet im Alter von 47 Jahren im Juli 1918 in Locarno an den Folgen eines Fahrradunfalls.

THUSNELDA KÜHL

(1872–1935)

WESTKÜSTENCHRONISTIN

Dichterin der Marschen, die ihrer friesischen Heimat ein literarisches Denkmal gesetzt hat. Sie selbst äußert sich so: „In all diesen Arbeiten lebt meine friesische Heimat, ihr herber, tüchtiger Menschenschlag … so dass ich nie daran denken könnte, etwas anderes zu erzählen, als was sich im Friesenlande zugetragen hat."

Thusnelda Kühl ist eine der produktivsten Schriftstellerinnen ihrer Zeit. Innerhalb von nur 15 Jahren, zwischen 1900 und 1915, erscheinen alleine 14 Romane, dazu zahlreiche Novellen, Erzählungen, Skizzen und Kurzgeschichten. Sie verbindet auf ihre ganz eigene Weise sorgfältig recherchierte Fakten mit dichterischer Freiheit, sodass die Einordnung ihres Oeuvres selbst der Fachwelt nicht immer ganz leichtfällt. So entsteht ein Sittenbild einer Landschaft und ihrer Bewohner, das für Ethnologen, Soziologen und Literaten gleichermaßen bis heute von Interesse ist.

Sie wird als Tochter des Pastors Karsten Kühl und seiner Frau Wilhelmine 1872 in Kollmar an der Unterelbe geboren. Ihre Kindheit und

Die Dichterin der Marschen um 1913.

Jugend verbringt sie zum größten Teil im Pastorat in Oldenswort auf Eiderstedt. Sie erhält eine für damalige Verhältnisse gute Schulbildung, die sie später zur Ausbildung als Lehrerin für die mittlere und höhere Mädchenschule befähigt. Sie nennt ihre Bildung „Terrazzoarbeit", bei der auch erst ein Gesamtbild entsteht, wenn Stein an Stein gelegt ist. Es folgen Wanderjahre, die sie unter anderem nach England und Dänemark führen, bevor sie 1896 an die Schule in Oldenswort zurückkehrt.

Thusneldas Leidenschaft für das Schreiben wird schon früh von ihrer Mutter unterstützt, die selbst schriftstellerisch tätig ist. Der Einfluss des niederdeutschen Dichters Theodor Storm und die gesellschaftskritischen Werke Wilhelm Raabes bestärken sie in ihrem Wunsch, ebenfalls zu schreiben. Die Themen, die sie bewegen, findet sie quasi vor der Haustür. Es ist ihr offenbar ein Bedürfnis, die wirtschaftlichen und gesellschaftlichen Veränderungen der spröden Marschlandschaft, ausgelöst durch die Umstellung von Ackerbau auf Weidewirtschaft, genauestens zu beschreiben. Mit fast schon soziologischem Blick skizziert sie den Wertewandel und schaut dabei „dem Volk aufs Maul". Sie legt großen Wert auf gründliche Recherche und ist gern gesehene Besucherin in den örtlichen Archiven. Die Figuren, Schauplätze und Handlungen ihrer Romane haben reale Hintergründe und können identifiziert werden.

Ihr Bemühen um Objektivität bringt ihr die Einschätzung eines Rezensenten ein, sie schreibe „männlich, ohne viel Frauenzimmerliches". Sowohl bei einem ihrer bekanntesten Werke, der Romanbiografie über „Harro Harring", den nordfriesischen Dichter und Maler, der weltweit als Berufsrevolutionär steckbrieflich gesucht wurde. Auf dem Marktplatz von Bredstedt hielt er 1848 eine flammende Rede, in der er die Erklärung Nordfrieslands zum Freistaat forderte. Ohne Erfolg.

1903 wird für Thusnelda zum Jahr des Umbruches. Sie bittet um Entlassung aus dem Schuldienst, um mehr Zeit fürs Schreiben zu haben, und verlässt zusammen mit ihren Eltern das lieb gewonnene Marschland, um nach Nortorf im Herzen Schleswig-Holsteins zu ziehen.

Es folgen die Hochzeit mit Julius Petersen, dem Rektor der Nortorfer Schule, die Geburt zweier Kinder und innerhalb kurzer Zeit der Tod ihrer Eltern und ihrer Lieblingsschwester.

In ihrem Spätwerk thematisiert sie vor allem das Aufbegehren, Scheitern und Resignieren von Frauen im gesellschaftlichen Gefüge der Kaiserzeit im Kampf um Gleichberechtigung und Emanzipation. Es lässt sich heute nur darüber spekulieren, inwieweit sie selbst davon betroffen war. Fest steht aber, dass Thusnelda Kühl ab 1915 bis zu ihrem Tod 1935 keine nennenswerten Veröffentlichungen mehr hervorgebracht hat. Ihre Bescheidenheit lässt sich auch daran ablesen, dass ihr Sohn erst nach dem Tod seiner Mutter von ihr als bekannter Chronistin und Schriftstellerin Frieslands erfährt. Sie selbst schreibt dazu:

„Natürlich hatte ich es meistens darauf abgesehen, etwas ganz Besonderes zu werden. Es ist nichts aus dem Plan geworden – ein ganz bescheidenes Plätzchen inmitten der Welt hab ich erlangt."

Thusnelda Kühl im Alter von 58 Jahren.

ELISABETH HABLIK-LINDEMANN

(1879–1960)

ALTES HANDWERK NEU BELEBT

Die international anerkannte Webmeisterin Elisabeth Hablik-Lindemann gilt als „Mutter der Handweberei".

Handwebemeisterin, Unternehmerin, Bewahrerin alter Handwerkskunst.

Abeline Elisabeth Lindemann wird 1879 als älteste Tochter des Landtagsabgeordneten, Hof- und Wassermühlenbesitzers Otto Lindemann und seiner Frau Anna Margarethe in Westerwohld in Dithmarschen geboren. Zusammen mit ihren zehn Geschwistern wächst sie auf dem elterlichen Hof auf, wo sie mit harter Arbeit genauso vertraut ist wie mit Klavierspielen. Schon früh entwickelt sich ihr unbedingter Wille zur Eigenständigkeit und Berufstätigkeit, beides Eigenschaften, die für Frauen in der Kaiserzeit nicht leicht durchzusetzen sind. Ihr liberales und für damalige Verhältnisse modernes Elternhaus unterstützt sie in ihrem Bestreben, auch finanziell auf eigenen Füßen stehen zu wollen.

Elisabeth stellt fest, dass ihre Aufgabe als Gesellschafterin ihrer Tante nicht das ist, was sie sich für ihr Leben vorstellt. Vielmehr strebt sie 1898 eine Ausbildung an der privaten Kunstschule in Dresden an, die sie als ausgebildete Musterzeichnerin 1901 verlässt. Die zur gleichen Zeit stattfindenden Dresdner Ausstellungen zum Kunsthandwerk werden für sie ein Quell der Inspiration. Sie kommt in Kontakt mit den Webteppichen der Scherrebeker Schule für Kunstweberei, ist begeistert von der hohen Qualität traditioneller schwedischer Webkunst und fasziniert von der Vielfalt volkstümlicher Muster, die auch in ihrer eigenen Heimat Dithmarschen zu finden sind. Für sie steht fest, sie will Kunstweberin werden.

Da kommt ihr eine Anfrage des Süddithmarscher Landrats gerade recht, der ihr 1901 die Leitung der Meldorfer Webschule anbietet, mit dem Ziel, in Zeiten der Massenproduktion und zunehmenden Automatisierung das alte Kunsthandwerk für die Nachwelt zu bewahren. Elisabeth möchte aber auch das Alte mit den Neuen verbinden und lernt bei einem dreimonatigen Studienaufenthalt in Schweden moderne Materialien und Webstühle kennen, die sie in ihre Arbeit in Meldorf einbringen kann.

Sie führt die Weberei mit viel Umsicht und modernisiert da, wo es nötig ist. So kommen etwa waschbare und länger haltbare Kunstfasern hinzu und die Farbpalette wird an den modernen Geschmack angepasst. Die zeitlosen Entwürfe und die hervorragende Qualität der Erzeugnisse finden schnell eine treue Stammkundschaft und werden auf Ausstellungen und Messen mit Preisen gewürdigt. Zudem bietet die Meldorfer Weberei in der ländlichen Gegend Dithmarschens vielen Kunsthandwerkerinnen nicht nur einen Ausbildungsplatz, sondern wird später sogar bis zu 50 Mitarbeitern eine Lebensgrundlage ermöglichen können.

Elisabeth Lindemann führt ein erfolgreiches kleines Unternehmen, steht beruflich, künstlerisch und finanziell auf eigenen Beinen, als sie 1907 auf den böhmischen Künstler, Grafiker und Kunsthandwerker Wenzel Hablik (1881–1934) trifft, der sich dem Charisma der Werkstattleiterin nicht entziehen kann und sich in Itzehoe niederlässt. Es wird eine fruchtbare Zusammenarbeit zwischen Kunst und Handwerk. Er liefert die künstlerischen Entwürfe in den Stilrichtungen jener Zeit, sie setzt diese in moderner Technik, Farbgebung und Material um. Später wird sie ihn als das „künstlerische Gewissen der Weberei“ bezeichnen.

Während Elisabeth mit dem Verkauf ihrer Produkte für die wirtschaftliche Grundlage sorgt, arbeitet Wenzel an der Dekoration des neu erworbenen Hauses als Gesamtkunstwerk im Stil der frühen Zwanzigerjahre. Das Haus wird zum Experimentierfeld und Ausstellungsraum für die eigenen Produkte und zum weithin bekannten Künstlertreff. Die preiswürdigen Itzehoer Produkte sind auf vielen Ausstellungen und Messen vertreten. Zahlreiche namhafte Künstlerfreunde lassen sich ihre Wohnungen und Häuser von den Habliks dekorieren. Als ihr Mann 1934 stirbt, führt Elisabeth Haus und Weberei erfolgreich weiter, bis die jüngere Tochter 1943 als Lehrling und später als Gesellin in den Betrieb eintritt.

Sie erhält 1959 das Bundesverdienstkreuz 1. Klasse für ihren Einsatz zum Erhalt alter Handwerkstradition. 1960 stirbt sie in Itzehoe. Heute verwalten Stiftung und Museum das künstlerische Vermächtnis des Ehepaares Hablik-Lindemann.

LILLI MARTIUS

(1885–1976)

IM EINSATZ FÜR DIE KUNST

Malerin, Grafikerin, Kunsthistorikerin, Kustodin der Kieler Kunsthalle.

Im Lebenslauf der Elisabeth Anna Louise (genannt Lilli) Martius scheint zunächst alles seinen gewohnten Gang zu gehen. Geboren in Bad Ems als höhere Tochter aus begütertem Elternhaus mit künstlerischen Ambitionen, wächst sie zusammen mit ihren drei Brüdern in einem liberalen, den schönen Künsten zugetanen Umfeld auf. 1898 zieht die Familie von Bonn nach Kiel, wo der Vater maßgeblich am Aufbau des philosophischen Seminars an der Kieler Universität beteiligt ist.

Lilli Martius an ihrem 90. Geburtstag 1975.

Während ihre Brüder nach dem Abitur selbstverständlich ein Studium aufnehmen, hat Lilli großen Respekt vor den geistigen Leistungen, die dafür erforderlich sind und traut sich ein Studium selbst nicht zu. Ihre ausgesprochene Schüchternheit und Zurückhaltung stehen ihr oft im Weg, Eigenschaften, die sie zum Lebensmotto erklärt: „Höchste Zurückhaltung und Handeln in der Stille ist mein Prinzip."

Eine Heirat ist für sie keine Option, sie charakterisiert sich selbst als passionierte Einzelgängerin. Eine Gasthörerschaft an der Universität lehnen die Eltern als „halbe Sache" ab. Stattdessen fördern sie die private Weiterbildung ihrer Tochter in Sprachen, Kunstgeschichte und praktischer Kunst. Lilli Martius wird Reproduktionsgrafikerin mit eigenem Atelier.

1923 setzen Wirtschaftskrise und Inflation dem Familienvermögen so schwer zu, dass Lilli das Atelier aufgibt und stattdessen die Verwaltung des Kupferstichkabinetts des Kieler Kunstvereins übernimmt. Die eigentlich von ihr angestrebte Position als Assistentin der Kunsthalle wird ihr wegen mangelnder Qualifikation verweigert. Man legt ihr Studium und Promotion nahe. Jetzt ist Lillis Ehrgeiz geweckt. Der frühere Respekt vor der Aufgabe ist der Zuversicht in die eigenen Fähigkeiten gewichen. Sie holt die erforderlichen Lateinkenntnisse und die Studienzulassung nach und beginnt 1926, mit 41 Jahren, doch mit dem

Studium der Kunstgeschichte, das sie drei Jahre später mit der Promotion abschließt.

Das Kunstverständnis der bald regierenden Nationalsozialisten richtet sich gegen alles „Undeutsche“ und gipfelt in der großen Ausstellung „Entartete Kunst“ 1937 in München. Alle großen Sammlungen sind von unangekündigten „Säuberungsaktionen“ und Beschlagnahmungen betroffen, die Kieler Kunsthalle sogar gleich zweimal. Der Handlungsspielraum, die Kunstwerke dem Zugriff der selbsternannten Kunstkenner zu entziehen, ist sehr begrenzt. Lilli Martius nutzt daher die Möglichkeit, Verwirrung zu stiften, Unübersichtlichkeit zu erzeugen und Papierwust zu produzieren als probates Mittel, um so einen großen Teil vor allem der expressionistischen Werke erhalten zu können. Sie hat damit Erfolg.

Lilli Martius fühlt sich der Kieler Kunsthalle aufs Engste verbunden und ist bei den ersten Bombenangriffen auf Kiel 1941 in großer Sorge um den Sammlungsbestand. Zusammen mit der Sekretärin sorgt sie nach und nach für die Auslagerung der Kunstwerke an sieben verschiedene Standorte in Schleswig-Holstein. Das Gebäude der Kunsthalle und ihr Wohnhaus werden schwer getroffen, ihre eigenen Kunstwerke gehen dabei in Flammen auf, bis auf die wenigen, die sie der Kunsthalle überlassen hatte.

Nach dem Ende des Zweiten Weltkrieges 1945 wird ihr die Aufgabe übertragen, die Kunstsammlung wieder zurück an den Kieler Standort zu schaffen, allerdings ohne Unterstützung seitens der Universität, wie man ihr schriftlich bestätigt. Lilli Martius ist jetzt auf sich allein gestellt, von Schüchternheit oder Zurückhaltung ist jetzt keine Spur mehr. Sie verhandelt mit den Vertretern der Besatzungsmächte, muss sich gegen „die allgemein noch recht herbe Stimmung uns gegenüber“ durchsetzen, besorgt Passierscheine und Genehmigungen, bekommt die erforderlichen Stempel, organisiert Transportmittel, Benzin und Arbeitskräfte, nimmt lange Umwege, Wartezeiten und viel Geduld in Kauf, bis endlich der durch Plünderung, Diebstahl und Zerstörung dezimierte Kunstbestand wieder in Kiel zusammengeführt wird. Ohne ihre Hartnäckigkeit, ihr Organisationstalent und die Sorge um die Kunst wäre die Kunsthalle heute um viele wichtige Werke ärmer.

Im selben Jahr trägt man Lilli Martius die Professur für Kunstgeschichte an der Kieler Universität an und ernennt sie 1947 zur Kustodin der Kieler Kunsthalle. Mit dem Eintritt in den Ruhestand 1951 hat sie genug Zeit, sich um die Auswertung ihrer verloren geglaubten Unterlagen zu ihrem Hauptwerk „Die schleswig-holsteinische Malerei des 19. Jahrhunderts“ zu kümmern, die in den Kriegswirren in einem Koffer überlebt haben. Für ihren mutigen Einsatz für die Kunst wird Lilli Martius vielfach geehrt, unter anderem mit der Universitätsmedaille, dem Kulturpreis der Stadt Kiel und dem Ritterkreuz des Danebrog-Ordens in Anerkennung ihrer Verdienste um die Kunst im dänischen Gesamtstaat. 1976 stirbt Lilli Martius 91-jährig und wird im Familienmausoleum auf dem Kieler Eichhof-Friedhof beigesetzt.

„Es gilt diesen Lebensbericht abzuschließen, der weniger von bedeutenden Eigenerlebnissen spricht, als von einem Leben, auf das schwierige Zeiten einen einschneidenden, fördernden Einfluss hatten, der schlummernde Kräfte zur Entfaltung brachten."

KÄTE AHLMANN

(1890–1963)

„MODER" AHLMANN – GNÄDIGE FRAU

Ausgebildete Gärtnerin, Sängerin, Unternehmerin, Chefin der ehemals ältesten, größten und mitarbeiterstärksten Eisengießerei in Schleswig-Holstein, Gründerin und Präsidentin des Verbandes deutscher Unternehmerinnen.

Ihre außergewöhnliche Karriere als Firmenchefin über die Grenzen des kleinen Ortes Büdelsdorf bei Rendsburg hinaus ist ihrer unternehmerischen Weitsicht, ihrem Verständnis für wirtschaftliche Zusammenhänge, ihrem Mut, ihrem unerschütterlichen Vertrauen in die eigenen Fähigkeiten und ihrem Durchsetzungswillen geschuldet. *„Man soll handeln, solange man noch denken kann."* Vorausschauend die Zukunft gestalten, so lautet ihre Maxime, an die sie sich stets gehalten hat.

Zunächst sieht es aber so aus, als ob Catharine Braun den ihr vorbestimmten Weg als höhere Tochter einschlägt, mit dem Ziel, möglichst bald eine „gute Partie" zu heiraten. Dem finanziell gut gestellten Ehepaar Josef Braun, Jurist und später Senatspräsident am Oberlandesgericht Köln, und Frau Aline sind vier Töchter beschieden. Käte ohne „h", wie sie sich selbst später nennt, ist die mittlere und muss sich schon früh gegen ihre Schwestern durchsetzen. Das bringt ihr den liebevoll gemeinten Spitznamen „Kröte" ein. Ihre Mutter sorgt für den gesellschaftlichen Schliff und duldet keinen Müßiggang und führt stattdessen ein

Käte Ahlmann, die Firmenchefin der Eisengießerei in Büdelsdorf bei Rendsburg.

Die Unternehmerin im Zwiegespräch mit dem damaligen Wirtschaftsminister Ludwig Erhard.

strenges Regiment. Sie fordert auf jedem Gebiet, auch im Sport und beim Musizieren Höchstleistungen. Obwohl in der Wilhelminischen Zeit eine Berufsausübung für höhere Töchter nicht vorgesehen ist und entgegen aller Vorbehalte, setzt Käte eine Ausbildung als Gärtnerin durch, die sie mit Bestnoten abschließt. Eine „gute Partie" heiratet Käte 1914 mit dem zukünftigen Besitzer der Eisengießerei Carlshütte in Rendsburg, Julius Ahlmann, trotzdem. Das frisch vermählte Paar kann aber nur ein paar unbeschwerte gemeinsame Tage genießen, bevor der junge Unternehmer in den Ersten Weltkrieg zieht.

Als rheinische Frohnatur fremdelt Käte Ahlmann mit dem rauen Wetter und dem wortkargen Menschenschlag Schleswig-Holsteins. Es ist ihr Schwiegervater, der ihr bei der Eingewöhnung hilft, ihr mit Rat und Tat zur Seite steht und sie während der Abwesenheit seines Sohnes in alles Geschäftliche des Unternehmens mit einbindet. Sie beschließt, den Führerschein zu machen, um mobil und unabhängig zu sein in einer Zeit, in der Frauen hinterm Steuer noch eine Seltenheit sind. Sie begründet ihre selbstbewusste Entscheidung gegenüber ihrem Mann in einem Brief: "... eine Rheinländerin zu heiraten ist immer etwas gewagt." Diesen unterschreibt sie mit „Deine emanzipierte Frau". Zwischen 1915 und 1924 werden vier Kinder geboren. Im Jahr der Geburt des letzten Sohnes 1924 stirbt die Tochter Roseli siebenjährig, und es zeigt Kätes mentale Stärke, dass sie es sich nicht nehmen lässt, selbst auf der Trauerfeier zu singen.

Nach der glücklichen Kriegsheimkehr ihres Mannes Julius wird Käte zwar zu seiner Vertrauten und Beraterin bei der Umsetzung des „großen Plans", der angestrebten Aktienmehrheit und damit der Kontrolle über den Aufsichtsrat, um die Modernisierung und den Ausbau der Carlshütte in seinem Sinne voranzubringen, aber auch er muss erst lernen, Käte als gleichberechtigte und gleichwertige Partnerin zu akzeptieren. Sie wehrt sich gegen seine „Aussprüche, die sie auf eine minderwertige Stufe stellen sollen."

Mit dem allzu frühen Tod ihres Mannes 1931 beginnt für die jetzt vierzigjährige Käte Ahlmann ein neuer Lebensabschnitt. Sie beschließt, das Werk im Sinne ihres Mannes zum Wohle der Familie und künftiger Generationen zu erhalten, es selbst als Unternehmerin zu leiten und übernimmt seine Firmenanteile. Erstes sichtbares Zeichen für den Anspruch ist die Umbenennung der Eisengießerei „Carlshütte" in „Ahlmann-Carlshütte". Die männerdominierte Firmenstruktur kann sich eine Frau mit Entscheidungsbefugnis allerdings nicht vorstellen und legt ihr in jeder Hinsicht Steine in den Weg. Ihr wird firmenrelevante Post vorenthalten, sie erhält nur unzureichende Informationen und man trifft Entscheidungen an ihr vorbei. Käte Ahlmann lernt schnell und geht am Ende als Siegerin hervor mit dem festen Willen, „nie mehr werde ich mir die wichtigen Geschäfte aus der Hand nehmen lassen". Es scheint, als ob sie aus jeder Bedrohung, aus jedem Rückschlag eine besondere Stärke zieht, nach dem Motto, jetzt erst recht.

1941 erreicht sie Aktienmehrheit und damit auch die alleinige Kontrolle über die Ahlmann-Carlshütte, sie bestimmt die Firmenleitlinien und die Besetzung wichtiger Posten in der Firma. Unter ihrer Ägide übersteht die Firma die Nazizeit, profitiert vom Wiederaufbau in den Fünfzigerjahren und wird zu einem sehr erfolgreichen Wirtschaftsunternehmen in Deutschland. Dabei stellt sich Käte Ahlmann auch ihrer sozialen Verantwortung. Für ihre zeitweise bis zu 2000 Mitarbeiter baut sie Werkswohnungen, sorgt für entsprechende Lebensmittelversorgung in schwierigen Zeiten und fördert die Bindung an die Firma. Für ihr soziales Engagement wird sie von der Belegschaft liebevoll auf Platt Moder Ahlmann genannt. Im Geschäftsleben wird ihr Respekt und Anerkennung als Frau Julius Ahlmann oder Gnädige Frau zuteil. Aufgrund ihrer wirtschaftlichen Kompetenz und ihres erfolgreich geführten Unternehmens, wird sie später unter anderem mit dem großen Bundesverdienstkreuz am Bande und der Ehrenbürgerwürde der Stadt Büdelsdorf geehrt. Man schätzt ihre Expertise und beruft sie oft als einzige Frau in viele Wirtschaftsgremien.

Aus ihren eigenen Erfahrungen heraus liegt Käte Ahlmann die Unterstützung von Unternehmerinnen besonders am Herzen. 1954 wird sie Gründerin und erste Präsidentin des Verbandes deutscher Unternehmerinnen. Außerdem erkennt sie das brachliegende Potenzial von Frauen in Technik und Naturwissenschaft und fordert deren Zugang zum Ingenieurberuf, eine Forderung, die auch heute noch ihre Gültigkeit hat.

Trotz aller unternehmerischen Weitsicht entwickelt sich die Firma Ahlmann nicht so, wie von der Firmenchefin erhofft. Zweimal muss sich die Ahlmann-Carlshütte einem Konkursverfahren stellen, 1997 schließt sie endgültig ihre Tore nach mehr als 170 Firmenjahren. Das erlebt Käte Ahlmann aber nicht mehr, sie stirbt bereits 1963 an einem Herzleiden in Innsbruck. Das von ihr initiierte Eisenkunstgussmuseum wird ihr Vermächtnis.

Die 1946 von ihrem Sohn Josef-Severin gegründete Bautechnik- und Betonfirma hat sich hingegen bestens entwickelt und wird heute als Weltmarktführer im Bereich Entwässerungstechnik von Enkel Hans-Julius und Urenkel Iver geleitet. Die alten Werkshallen sind erhalten geblieben und beherbergen die jährlich stattfindende internationale Ausstellung zeitgenössischer Kunst, NordArt. Eine Bemerkung von Käte Ahlmann macht noch einmal ihr Selbstverständnis als Unternehmerin deutlich:

„Ob mir ein Mann einen Platz in der Straßenbahn anbietet, ist mir egal, er soll mir einen Platz in seinem Aufsichtsrat anbieten!"

LENA OHNESORGE

(1898–1987)

DIE STIMME DER FLÜCHTLINGE

Ärztin, Sozialpolitikerin und erste Frau „Minister" in einer schleswig-holsteinischen Landesregierung. Wegen ihres kompromisslosen Einsatzes für Flüchtlinge in Schleswig-Holstein nach dem Zweiten Weltkrieg galt sie als „Schrecken der Landräte" und hat den Ruf, der „einzige Mann" im Kabinett gewesen zu sein. Ihr Lebensmotto lautet: Der Arzt ist der berufene Anwalt überall für eine notbedrohte und notleidende Gesellschaft.

Lena Ohnesorge ist die erste Sozialministerin in Schleswig-Holstein nach dem Krieg, die sich für die Flüchtlinge einsetzt.

Helena Maria Wilhelmine Voss kommt 1898 in Prenzlau in der Uckermark zur Welt. Als ihr Vater, ein Unternehmer, 1912 plötzlich stirbt, übernimmt ihre Mutter die Leitung der Essigfabrik. Sie engagiert sich zudem politisch und zieht 1919 nach Einführung des Frauenwahlrechts als erste weibliche Stadtverordnete in das Prenzlauer Stadtparlament ein. Die Selbstständigkeit und das politische Engagement ihrer Mutter sind Lena fortan Ansporn und Verpflichtung, sich für Gleichberechtigung von Frauen einzusetzen. Lena Voss macht 1918 das Abitur, studiert Medizin an verschiedenen Universitäten, zuletzt in Kiel, und promoviert 1923 mit einer Arbeit über Mumps an Kieler Schulen. Die volkswirtschaftlichen Vorlesungen, die sie nebenbei hört, werden ihr in ihrer späteren politischen Karriere nützlich sein.

Doch zunächst heiratet sie 1924 den Arzt Dr. Hans Ohnesorge, mit dem sie eine Praxisgemeinschaft in Prenzlau betreibt. In der Folgezeit werden vier Kinder geboren, ein fünftes stirbt kurz nach der Geburt und Lena merkt, wie schwierig es ist, Beruf und Familie unter einen Hut zu bringen. Sie empfindet es als Privileg, die Hilfe vieler dienstbarer Geister in Anspruch nehmen zu können, und weiß, dass viele berufstätige Frauen diese Möglichkeit nicht haben.

Als ihr Mann in den Krieg eingezogen wird, hält Lena die Praxis am Laufen, versucht das Leid durchziehender Flüchtlinge zu lindern und kümmert sich um Kriegsverletzte aller Nationen. Erst in allerletzter Minute, als die Front schon hörbar ist, macht sie sich mit ihren Kindern auf die Flucht, die in Lübeck endet. Sie muss erleben, wie ihr Mann als traumatisierter Kriegsheimkehrer arbeitsunfähig wird und 1953 stirbt, ein Schicksal, das das Paar mit vielen anderen teilt.

Nach Ende des Krieges verschärfen sich Not, Mangel und Elend der einheimischen Bevölkerung in Schleswig-Holstein durch den Zuzug Hunderttausender Flüchtlinge aus den Ostgebieten. Lena Ohnesorge erkennt, dass nur politisches Engagement nachdrücklich für Abhilfe sorgen kann. 1950 gründet sie zusammen mit Waldemar Kraft den „Block der Heimatvertriebenen und Entrechteten (BHE)“, für den sie in den schleswig-holsteinischen Landtag gewählt wird. Damit beginnt ihre politische Karriere. Als Vorsitzende des Gesundheitsausschusses besucht sie immer wieder die Flüchtlingslager im Land, fordert beharrlich die Beseitigung der Mängel und schreckt selbst vor Beschlagnahmungen und Einquartierungen nicht zurück. Das bringt ihr den Titel „Schrecken der Landräte“ ein. 1957 holt sie Ministerpräsident Kai Uwe von Hassel als erste Frau „Minister“ in sein Kabinett. Dort ist sie zuständig für Gesundheit, Arbeit, Soziales und Vertriebene, ein Amt, das sie zehn Jahre ausfüllt. Sie ist damit die erste Frau in einer schleswig-holsteinischen Landesregierung und die insgesamt fünfte Ministerin deutschlandweit. Eine Anfrage Konrad Adenauers für einen Posten im Bundeskabinett lehnt sie mit den Worten ab, sie eigne sich nicht als Quotenfrau. 1967 legt sie ihr Amt als Sozialministerin altersbedingt nieder.

Lena Ohnesorge ist, anders als ihr Name vermuten lässt, sehr besorgt um die Integration der Flüchtlinge. Ihre eigenen Erfahrungen als berufstätige Mutter waren Grundlage für ihre politischen Forderungen nach Anerkennung der Hausfrauenleistung und einer eigenen Rentenversicherung für Frauen und Mütter. Ihr größtes Verdienst aber ist es, den vielen Heimatvertriebenen eine Wiedereingliederung in die Gesellschaft und Entschädigungen ermöglicht zu haben. Vor allem die damaligen Flüchtlinge, die sie zu Lebzeiten kannten, streichen ihre Fairness und Hilfsbereitschaft im Einsatz für Notleidende und ihren Mut heraus und sind sich sicher, Lena Ohnesorge war der „einzige Mann“ im Kabinett.

Für ihre Lebensleistung erhält sie unter anderem das Bundesverdienstkreuz und die Paracelsus-Medaille der deutschen Ärzteschaft. Zwei Straßen in Lübeck und Prenzlau erhalten ihren Namen. Lena Ohnesorge stirbt 1987 in Bochum.

NEUE HEIMAT FÜR DIE FLÜCHTLINGE

Schleswig-Holstein hat während und nach dem Zweiten Krieg über eine Million Flüchtlinge und Heimatvertriebene aus den deutschen Ostgebieten aufgenommen und hatte damit den höchsten Zuzug aller Länder zu verkraften. Die Versorgung der insgesamt 2.6 Millionen Menschen war die größte Herausforderung der Nachkriegszeit. Nicht überall waren die „Volksdeutschen" willkommen, galten sie doch den vom Krieg gebeutelten Einheimischen als Konkurrenten um Nahrung, Wohnung und Arbeit. Ab 1950 sorgte ein Umsiedlungsprogramm für Entspannung, bei dem über 400.000 Menschen für den Wiederaufbau der Industrie in Nordrhein-Westfalen und Baden-Württemberg benötigt wurden. 1950 lebten noch etwa 130.000 Menschen in den landesweit 728 Flüchtlingslagern. 1969 stellten die Vertriebenen ein Drittel der schleswig-holsteinischen Bevölkerung.

GERTY MOLZEN

(1906–1990)

VON ZUE TÜRN UND AUFE FENSTER

Ausgebildete Opernsängerin, Pianistin, Kabarettistin, Schauspielerin, Buchautorin, Pop-Ikone. „Wer keine Sonne im Herzen hat, hat kein Blut in den Adern." So lautet das Lebensmotto der vielseitigen Künstlerin Gerty Molzen.

Gerty Molzen ganz seriös mit Brille und Halstuch. Man traut ihr ihre Wandlungsfähigkeit kaum zu.

Die inkorrekte Schreibweise der Überschrift bezieht sich auf eine besondere Sprachmixtur bestehend aus Hochdeutsch, Niederdeutsch und Dänisch, die seit Mitte des 19. Jahrhunderts von den kultivierten Damen der Flensburger Mittelschicht speziell in Flensburg und Umgebung gepflegt wurde und unter dem Namen Petuhtanten-Deutsch bekannt ist. Gerty Molzen war eine derjenigen, die diese in Vergessenheit geratene Sprache gepflegt und einer breiten Öffentlichkeit durch eigene Schriften und Auftritte bekannt gemacht hat. Doch sie hat noch viele andere Talente.

Die Entertainerin an ihrer Schreibmaschine, im Hintergrund ein großformatiges Bild von ihr als Petuhtante verkleidet.

Margarete – genannt Gerty – Molzen, Tochter eines Flensburger Reeders und einer Pastorentochter, ist der Wirbelwind unter den insgesamt fünf Schwestern. Ihre schulischen Leistungen hingegen lassen zu wünschen übrig. Bis auf das Singen, da ist sie immer gut und zeigt herausragendes Talent. Ihre Eltern erkennen ihr Potenzial und finanzieren ihr ein klassisches Gesangsstudium. Wenn schon Gesang, dann auch richtig, ist die Devise. 1930, mit 24 Jahren, hat sie ihren ersten Auftritt in der Flensburger Marienkirche, es folgen verschiedene Engagements an den Opernhäusern im In- und Ausland. Eine klassische Opernkarriere scheint absehbar.

Gustav Gründgens wird auf die junge Sängerin mit der markanten Altstimme aufmerksam und engagiert sie als Synchron-Gesangsstimme für berühmte Schauspielerinnen wie Elisabeth Flickenschildt oder Marianne Hoppe. In Kriegszeiten wird Gerty Molzen zur Unterhaltung der Soldaten an die Front geschickt, die statt des klassischen Liedguts lieber Erheiterndes hören wollen. Das lässt sich Gerty nicht zweimal sagen, sie organisiert sich ein Akkordeon, spielt bekannte Gassenhauer und macht aus einem Liederabend eine Kabarettveranstaltung. Sie hat so großen Erfolg mit ihren Auftritten, dass sie die Klassik an den Nagel hängt und nur noch mit ihrem Kabarettprogramm als „Gerty von der Waterkant" oder „Bunkermädel" durch die Lande tingelt. Nach dem Krieg zahlen sich die schon früh geknüpften Kontakte zur Film- und Theaterszene aus. Sie spielt mit Heidi Kabel und Helga Feddersen, arbeitet mit Wim Wenders und dem Regisseur Jürgen

Roland, der sie 1962 für das Fernsehen entdeckt und ihr eine Rolle in „Polizeirevier Davidswache" gibt. Später hat sie regelmäßig Gastauftritte in den TV-Serien wie „Großstadtrevier" oder „Der Landarzt".

Weltweite Berühmtheit erhält Gerty Molzen aber auf einem ganz anderen Gebiet. 1984 wagt ein Musikproduzent ein Experiment und nimmt Gerty mit einer Cover-Version von Lou Reeds „Walk on the wild side" unter Vertrag. Da ist Gerty Molzen 78 Jahre alt und stürmt als Rock-Oma mit toupierten Haaren und Glitzerjäckchen sogar die internationalen Charts. Ein Erfolg, den wohl niemand so recht erwartet hat. Es folgen Auftritte in den großen Häusern

Gerty Molzen als „Rock-Oma". Sie brauchte den schillernden Auftritt und den Kontakt zum Publikum wie die Luft zum Atmen.

in London und New York, ihre Fans liegen ihr zu Füßen. Selbst das japanische Fernsehen ist an ihr interessiert und sie bekommt eine Einladung zu David Lettermans Late Night Show im amerikanischen Fernsehen. Und das, obwohl sie kein Englisch spricht und demzufolge die Fragen gar nicht versteht. Sie wäre nicht Gerty, wenn sie nicht die Situation genutzt und sich einen Spaß daraus gemacht hätte, sich als komische Alte zu inszenieren.

Gerty Molzen ist eine begnadete Alleinunterhalterin, sie liebt das Rampenlicht und braucht den Kontakt zum Publikum. Geheiratet hat sie nie. Sie gibt dem Krieg die Schuld und kommentiert: „Immer wenn ich einen Mann gefunden habe, bumms, war er tot." Gerty Molzen ist im Grunde ihres Herzens eine Flensburger Deern geblieben. Hier fühlt sie sich zu Hause und hier findet sie die Anregungen für ihre weitere Leidenschaft, die Pflege des bereits erwähnten Petuhtanten-Deutschs. Gerty Molzen hat diesem besonderen Flensburger Idiom ein Denkmal gesetzt und auch ihrer wird gedacht. Sie bekommt 1986 das Bundesverdienstkreuz am Bande für ihre „erheiternden und stärkenden Dienste am jungen und alten Volk".

Neben ihrer Wohnung in Hamburg besitzt sie ein kleines Sommerhaus an der Flensburger Förde, das sie „Lat mi tofreden" nennt (Lass mich zufrieden!). Hier findet sie Ruhe von ihrem aufregenden Leben, auch ihre letzte. Sie stirbt 1990 in Glücksburg. Lassen wir sie noch einmal zu Wort kommen:

„Je älter ich werde, umso mehr muss ich lachen, bei mir läuft noch alles auf höchster Tour, ich schwimme stromaufwärts mit 1000 Sachen, im Alter liegt die Zukunft, ich nehm's mit Humor."

PETUHTANTEN

Die Damen (Tanten) trafen sich zum Klönschnack (Plauderei) auf den Fördedampfern, hatten stets feste Plätze und besaßen Dauerkarten, französisch Partout-Billets, eingedeutscht Petuh-Fahrkarten, die ihnen erlaubten, zwischen Mai und September täglich jeden Dampfer und jede Haltestelle auf der Flensburger Förde zu benutzen. Diese vom Aussterben bedrohte Sprachmischung hat eine ganz eigenwillige Grammatik und Satzstellung sowie eine besondere Benutzung von Präpositionen. Der Satz „Wie kann jemand bei ausgeschaltetem Licht und geschlossenen Rollos sitzen und abgerissene Knöpfe annähen?" lautet auf Petuh-Deutsch so: „Wie kann ein sitzen bei ausses Licht und zue Rollon und näh'n abbe Knöpfe an?"

LOTTI HUBER

(1912–1998)

DAS LEBEN IST EIN AUF UND AB

Tänzerin, Schauspielerin, Übersetzerin, Autorin, Restaurant- und Barbesitzerin, Chefin einer Mannequin-Agentur, einer Benimm- und Schauspielschule, Aushängeschild der Berliner Subkultur. Ihr Lebensmotto lautet: Bleib nicht an der Vergangenheit kleben, beginne immer ein neues Leben!

Allein bei der Aufzählung all ihrer verschiedenen Tätigkeiten wird klar: Lotti Huber hat sich stets an ihr Motto gehalten, wohl eine der wenigen Konstanten in ihrem Leben. Wer ist diese Frau, von der ihr späterer Entdecker, der Regisseur Rosa von Praunheim, sagt, er fände die „kleine dicke Person mit der Energie einer Atombombe unwiderstehlich"?

Charlotte Goldmann wird 1912 in Kiel geboren und wächst mit zwei Brüdern auf. Die großbürgerliche jüdische Familie besitzt ein wohlbekanntes Textilhaus, das auch die Stoffe für die Produktionen des Kieler Stadttheaters liefert. Ihre Mutter erkennt früh ihre tänzerische Begabung und meldet sie dort zum Ballettunterricht an. Die freiheitsliebende, unkonventionelle und selbstbewusste Lotti hält aber nicht viel von Regeln. Sie macht zwar ihr Abitur am Ricarda-Huch-Gymnasium in Kiel, beschließt jedoch Tänzerin zu werden, inspiriert vom modernen Ausdruckstanz einer Mary Wigman, Isadora Duncan oder Gret Palucca.

In die Kieler Zeit fällt die Begegnung mit ihrer großen Liebe Hillert Lueken, Sohn des damaligen Oberbürgermeisters in Kiel. Die Verbindung des hochgewachsenen blonden Jurastudenten mit der kleinen, quirligen Tanzelevin aus jüdischem Haus sorgt in der Kieler Gesellschaft für Diskussionen. Der Einfluss der Naziideologie ist bereits spürbar. Das Paar lässt sich

Die Schauspielerin wurde mit Filmen des Regisseurs Rosa von Praunheim bekannt, z. B. „Unsere Leichen leben noch" von 1981.

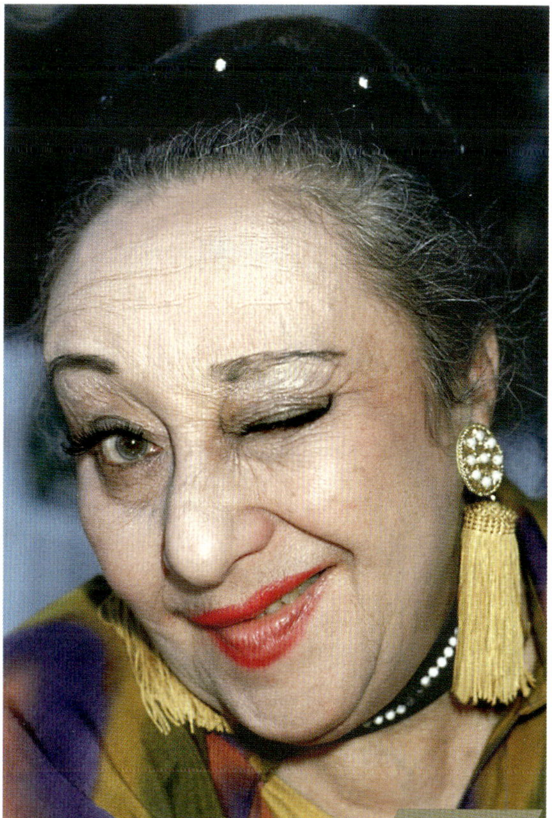

LOTTI HUBER

Lotti Huber inszeniert sich 1988 in dramatischer Pose mit wallendem Haar.

in Berlin nieder, wird von einer guten Freundin wegen Rassenschande denunziert und von der Gestapo bei Nacht und Nebel verhaftet. Hillert stirbt unter nicht geklärten Umständen in der Untersuchungshaft, wie es offiziell heißt. Später kommt heraus, er wurde hinterrücks erschossen. Lotti muss zunächst ins Arbeits- und später ins Konzentrationslager. Beide Ereignisse prägen Lottis Leben nachhaltig. Sie beschließt Europa zu verlassen und folgt 1938 ihrem Bruder Richtung Palästina, freigekauft von einer amerikanisch-jüdischen Organisation. Für sie steht fest, sie will nie wieder einen Fuß auf deutschen Boden setzen. Doch es soll anders kommen.

Lotti bereist den Nahen Osten, studiert in Haifa Tanz, Pantomime und Kabarett und eröffnet ein Restaurant in Nikosia auf Zypern, später mit ihrem zweiten Mann, einem britischen Offizier, ein weiteres in London, das zum Szenetreff wird. Durch die Versetzung ihres Mannes nach Berlin, findet sich Lotti 1965 plötzlich dort, wo sie nie wieder hinwollte. In der Nähe des Kurfürstendammes bezieht das Ehepaar Huber eine große Altbauwohnung, in der Lotti eine Tanz- und Mannequinschule eröffnet. Sie bezeichnet diese Zeit später als die glücklichsten Jahre. Nach dem plötzlichen Tod ihres Mannes fällt Lotti, untröstlich, mittellos und allein in der großen Wohnung, in ein tiefes Loch. Und es wäre nicht Lotti, wenn sie sich nicht wieder neu erfunden hätte.

Mit viel Willensstärke und Lebenslust beginnt sie ein weiteres Mal ganz von vorne. Sie übersetzt Romane, hält sich mit dem Verkauf von Kräuterschnaps im KaDeWe über Wasser und nutzt ihre große Wohnung, um Schauspielschüler zu unterrichten. 1979, Lotti ist da 67 Jahre alt, startet sie ihre eigene Schauspielkarriere eher zufällig. Sie begleitet einen Schüler zu einem Vorsprechen und wird von dem Regisseur Rosa von Praunheim für den Film entdeckt, der von dem Charisma der Frau mit wallenden Gewändern, viel Farbe im Gesicht und überdimensionierten Ohrgehänge fasziniert ist. Als Antwort auf die Warnungen, der Regisseur würde sie künstlerisch „auspressen wie eine Zitrone“, veröffentlicht sie den ersten Teil ihrer Memoiren und gibt ihnen den vielsagenden Titel „Diese Zitrone hat noch viel Saft“. Mit ihrer Vorliebe für das Ordinäre und Unangepasste wird sie zum Aushängeschild der Subkultur. Als sie einmal gefragt wird, wo denn bei ihren Auftritten die Würde des Alters sei, antwortet sie, „die wohnt hier nicht“.

Lotti Huber kommt 1982, trotz aller schmerzlicher Erinnerungen, auf Einladung ihrer Geburtsstadt nach Kiel zurück, für die Premiere ihres Films „Unsere Leichen leben noch“. Sie findet den Titel so provokativ, dass sie kurzentschlossen entscheidet: „Ich komme!“

Bei einem ihrer letzten öffentlichen Auftritte in einer Talkshow wird sie darauf angesprochen, warum sie denn jetzt auf einmal ganz in Weiß erscheine, sonst kenne man sie doch nur in Schwarz. Sie antwortet: „Babys und Bräute tragen Weiß, und da, wo ich bald hin trottele, passt das auch ganz gut.“ Lotti Huber stirbt 1998 in Berlin.

ELISABETH HASELOFF

(1914–1974)

HARTNÄCKIGKEIT ZAHLT SICH AUS

Sie ist die erste Frau in Deutschland, die „im Sinne des Gesetzes" als evangelisch-lutherische Pastorin ordiniert wird. Ihr gebührt das Verdienst, Vorkämpferin für die Gleichstellung und Anerkennung der Frauen in allen evangelisch-kirchlichen Ämtern gewesen zu sein. Sie ist eine Frau, die unbeirrt, fest im Glauben und im Vertrauen auf ihre Fähigkeiten ihren Weg verfolgt.

Elisabeth Haseloff wird 1914 in Rom als Tochter des Kunsthistorikers Prof. Arthur Haseloff und seiner Frau, der Kunstmalerin Ada Prey geboren. Es sind unbeschwerte Tage, die sie mit ihren beiden Brüdern in Italien verbringt, bevor die Familie aus beruflichen Gründen 1920 nach Kiel zieht. Der Tod ihres jüngeren Bruders 1928 wird für sie zum einschneidenden Ereignis und sie fällt die mutige Entscheidung, evangelische Theologie zu studieren. Sie ahnt da noch nicht, mit welchen Schwierigkeiten sie zu kämpfen und wie viele Widerstände sie zu überwinden hat.

Beharrlich verfolgt sie ihr Ziel, macht 1934 Abitur und nutzt das von den Nazis vorgeschriebene Pflichtjahr im Bund deutscher Mädchen (BDM), um Griechisch und Hebräisch zu lernen – unerlässlich für das Studium. Es folgen Studienjahre in Tübingen, Erlangen und Kiel, die sie als einzige Frau mit dem ersten Examen 1939 abschließt, allerdings nur mit Sondergenehmigung des Landeskirchenamtes Schleswig-Holstein. Die ist zwar beim zweiten Examen 1941 nicht mehr nötig, dafür verweigert man ihr, anders als bei den drei männlichen Examenskandidaten, die übliche sofortige Ordinierung als Pastorin. Auch mit

Die Theologin mit der Bibel unterm Arm 1960.

der zwei Jahre später abgeschlossenen Promotion bleibt sie weiterhin „Fräulein Vikarin Elisabeth Haseloff", zuständig für Bibelstunden, Jugend- und Gemeindearbeit.

1945 bekräftigt das schleswig-holsteinische Landeskirchenamt in einer Richtlinie, dass Vikarinnen nur eingeschränkt tätig sein können und sie zur eigenständigen Leitung einer Gemeinde nicht befugt sind. Man greift aber gerne auf die Vikarinnen als Helfer in der Not zurück, um den kriegsbedingten Personalmangel auszugleichen. Dass sie den pastoralen Aufgaben bestens gewachsen ist, stellt Elisabeth Haseloff in ihrem Vikariat in Büdelsdorf bei Rendsburg unter Beweis, als sie die vakante Pfarrstelle kommissarisch mit allen Amtshandlungen ausfüllt. So gut, dass die Kirchengemeinde ihr den Vorsitz des Kirchenvorstandes überträgt, den sie 17 Jahre lang innehat. Die Gemeinde wächst schnell, der Arbeitsanfall ist immens und als sie eine weitere Stelle zu ihrer Entlastung beantragt, wird ihr gesagt, sie müsse sich das ja nicht antun und sie könne sich ja eine ruhigere Stelle suchen.

Elisabeth Haseloff muss feststellen, dass Frauen in der Landeskirche weiterhin einen schweren Stand haben. Sie werden schlechter bezahlt, dürfen nicht als Pastorin mit allen Rechten und Pflichten arbeiten und ihnen wird der Zugang zu höheren Ämtern verweigert. Sie fordert deshalb Anerkennung und Gleichberechtigung im Pastorenamt.

Als man ihr 1956 die Leitung der Frauenarbeit in der Lübecker Landeskirche anbietet, hat die Amtskirche zunächst Schwierigkeiten, Elisabeth Haseloff eine ihrer Erfahrung und Qualifikation entsprechende Vergütung anzubieten. Die Verhandlungen ziehen sich drei Jahre lang hin, bis eine Einigung erreicht werden kann. Aber auch die Kirche kann die gesellschaftlichen Veränderungen im Nachkriegsdeutschland nicht ignorieren. Die kleine Landeskirche Lübeck prescht in Sachen Gleichberechtigung vor und bringt ein „Kirchengesetz zur Rechtstellung der Pastorin" auf den Weg, trotz der Warnungen der Bischofkonferenz, die „unabsehbare Folgen für die Struktur des Pfarramtes" befürchtet. Es wird einen Tag nach dem Bundesdeutschen Gesetz zur Gleichberechtigung von Mann und Frau am 3. Juli 1958 verabschiedet. Der Präzedenzfall ist geschaffen. Damit ist für Frauen der Weg in das Pastorenamt offiziell frei. 1959 verlässt Elisabeth Haseloff ihre Gemeinde Büdelsdorf und tritt ihr neues Amt in Lübeck an.

Die Wogen schlagen hoch. Die Presse spricht von einem „Ereignis von ganz und gar nicht abschätzbarer Bedeutung". Der Hamburger Bischof lässt sich zitieren: „Wenn ich hier nicht mehr Bischof bin, könnt ihr von mir aus Frauen auf die Kanzel lassen." Man behauptet, dass Leitungspositionen „nicht dem Wesen der Frau entsprechen", mokiert sich darüber, dass „Frauen glauben, nur weil sie Theologie studiert haben, auch noch Ansprüche stellen zu dürfen", und warnt, dass „wer sich selbst verwirklichen möchte, nicht Theologie studieren sollte" und schließlich sieht man „das Grundgefüge der von Gott gesetzten Ordnung in Gefahr". Es dauert eine Weile, bis man sich

Ein bis dahin ungewohnter Anblick – eine Frau auf der Kanzel. Elisabeth Haselhoff predigt in der Kirche St. Matthäi in Lübeck 1960.

an Frauen auf der Kanzel gewöhnt und sich mit der neuen Situation arrangiert hat, allerdings nicht ohne ein weiteres Hindernis einzubauen. Frauen im Kirchenamt werden zur Ehelosigkeit verpflichtet, für Männer gilt das selbstverständlich nicht. Eine Auflage, die erst 1978 abgeschafft wird.

Elisabeth Haseloff ist es zu verdanken, dass Frauen heute durch das Zustandekommen des Gesetzes, das mittlerweile als „Lex Haseloff“ in die Geschichte eingegangen ist, Zugang zu den höchsten Kirchenämtern bekommen haben. Sie stirbt 1974 an den Folgen eines Unfalls.

ROSEMARIE KILIAN

(1919–2014)

EIN LEBEN FÜR DIE BÜHNE

Sie kämpft mit Erfolg für die Einführung des Mutterschutzes für Schauspielerinnen und steht noch mit 90 Jahren als vielfach geehrte Kammerschauspielerin auf den Kieler Bühnen. Ihr Lebensmotto lautet: „Nur wer die Herzen bewegt, bewegt die Welt.“

Diese starke Frau und beeindruckende Schauspielerin hat fast das ganze 20. Jahrhundert miterlebt. Ihre Anfänge als Schauspielerin sind allerdings schwer, doch sie lässt sich auf ihrem Weg, sowohl beruflich als auch privat ein selbstbestimmtes Leben zu führen, nicht beirren. Sie weiß aber auch, dass der Erfolg nicht nur auf der eigenen Leistung beruht, sondern auch auf „Glück … sehr viel Glück“, wie sie meint.

Rosemarie Sophie Charlotte wächst zusammen mit ihrer sechs Jahre älteren Schwester in einem liberalen und fortschrittlichen Elternhaus auf. Durch den Beruf des Vaters als Bankdirektor zieht die Familie häufig um. Rosemarie wechselt siebenmal die Schule und findet, dass die „Beweglichkeit ihren Wünschen entspricht“. Ihre Mutter, eine Lehrerin, gründet in den Zwanzigerjahren eine Frauenberatungsstelle in der eigenen Wohnung. Rosemarie sieht, was Gewalt in der Ehe, Überschuldung und Trunksucht anrichten können, und wundert sich, wie schwer es den Frauen fällt, „das Ruder herumzureißen und in eine andere Richtung zu segeln“. Sie selbst wird sich stets selbstbewusst und selbstbestimmt der Aufgabe als alleinerziehende Mutter und freiberufliche Schauspielerin stellen.

Rosemarie ist 13 Jahre alt, als sie 1932, nach einer Theateraufführung von „Don Carlos“

Die Kammerschauspielerin Rosemarie Kilian bei einem Fototermin zu Beginn der 2000er Jahre.

mit dem Schauspieler und Frauenschwarm Willy Birgel in der Hauptrolle, fest entschlossen ist, Schauspielerin zu werden. Ihre Eltern unterstützen sie in ihrem Vorhaben. Sie darf 1935 vorzeitig die Schule beenden, Schauspielunterricht nehmen und muss sich nebenbei als Haus- und Kindermädchen finanzieren. Ihr wird zwar Talent bescheinigt, aber ihr exotisches Aussehen mit den dunklen Haaren und den braunen Augen entspricht nicht dem Schönheitsideal der Zeit. Zweimal fällt sie durch die Schauspielprüfung. 1939, beim dritten Mal, klappt es. Es folgen viele kurzzeitige und kurzfristige Engagements, denen sie durch das ganze Land hinterherreist.

Nur einmal zweifelt Rosemarie an ihrem Vorhaben, als ihr ein Intendant bei einem Vorsprechen mitteilt, dass sie aufgrund ihres Äußeren nur eine Chance bei dem Regisseur Otto Falckenberg in München habe, der ja bekannt sei für seinen Faible für hässliche Frauen und zu dessen „Entdeckungen" Therese Giehse, Elisabeth Flickenschildt und Berta Drews gehören. Statt sich davon abschrecken zu lassen, begreift sie das als Aufforderung und reist nach München. Der Theaterintendant sagt ihr eine Karriere als Charakterschauspielerin voraus und nimmt sie 1943 in sein Ensemble auf.

Die Nachkriegszeit ist für Rosemarie Kilian eine schwierige Zeit. Ihr Leben ist von Arbeitslosigkeit, Armut und Mangel geprägt. Zwei Ehen gehen in die Brüche, sie muss ihre beiden Kinder kurzzeitig in Obhut geben, was ihr sehr schwerfällt. Jedes neue Engagement bedeutet Umzug in eine neue Stadt, neue Kollegen und verlangt ein Höchstmaß an Flexibilität, Verzicht und Disziplin. Damals wird eine alleinerziehende Schauspielerin oft vor die Entscheidung für Karriere oder Familie gestellt. Rosemarie Kilian will beides.

Nach ihrer eigenen Erfahrung, hochschwanger auf der Bühne stehen zu müssen, stellt sie fest, dass es für Bühnenschauspielerinnen keinen Mutterschutz gibt. Das will sie ändern und kämpft erfolgreich für dessen Einführung. Endlich haben sich 1959 die Verhältnisse für Rosemarie so weit stabilisiert, dass ein dauerhaftes Zusammenleben mit ihren Kindern möglich ist.

1969 folgt Rosemarie Kilian, inzwischen 50 Jahre alt, dem Ruf nach Kiel, nicht ahnend, dass diese Stadt ihr beruflich und familiär über 40 Jahre eine Heimat werden wird. Sie plant nicht langfristig, denn mit dem rauen Klima und der nordischen Art kann sie sich zunächst nicht anfreunden. Alle Versuche, Kiel den Rücken zu kehren, scheitern allerdings. Glück für Kiel, denn sie brilliert in insgesamt 115 Rollen in 40 Jahren Bühnenpräsenz an der Förde, kämpft erfolgreich für die Sanierung des Schauspielhauses, engagiert sich sozial und fordert ein eigenes Theatermuseum. Ihre letzte Vorstellung gibt sie mit 90 Jahren in dem Stück „Oskar und die Dame in Rosa", in der sie alleine acht Rollen verkörpert, „ein Geschenk für eine alternde Schauspielerin", wie sie selber sagt. 94-jährig stirbt Rosemarie Kilian in Kiel, für ihre Verdienste als Kammerschauspielerin hoch geehrt, mit dem Verdienstorden des Landes Schleswig-Holstein und dem Prunksiegel der Stadt Kiel. Seit 2016 trägt ein Park in Kiel ihren Namen.

BEATE UHSE

(1919–2001)

GEGEN ALLE TABUS

Kunstflugpilotin, Gründerin des ersten Erotikshops in Deutschland und Besitzerin eines internationalen Unternehmens. Ihr Motto lautet: „Nichts Gutes wird im Leben von uns Menschen passieren, wenn wir nicht bereit sind, hart dafür zu arbeiten und unser Bestes zu geben, um unsere Ziele zu erreichen."

Beate, geborene Köstlin, verwitwete Uhse, geschiedene Rotermund, diese sportlich durchtrainierte Frau, die auch im Alter noch ein Tempo vorlegt, bei dem kaum jemand mithalten kann, hat sich stets an ihr Motto gehalten. Mit harter Arbeit, einem besonderen Gespür für Marketing, viel Selbstbewusstsein und der Fähigkeit, stets neue Trend für sich zu nutzen, leitet sie von Flensburg aus ihren Erotik-Versandhandel. Entgegen aller Widerstände, Prozesse und Anfeindungen wird sie Deutschlands erfolgreichste Unternehmerin.

Beate wächst zusammen mit ihren beiden weitaus älteren Geschwistern auf einem großen Gut in Wargenau in Ostpreußen auf. Mit ihrem Vater Otto, einem studierten Landwirt, erkundet sie zu Pferd die Umgebung, lernt die Natur und den Umgang mit Tieren zu lieben. Ihre selbstbewusste Mutter Margarete, die als eine der ersten Frauen in Deutschland ein Medizinstudium abschließt und auch nach ihrer Hochzeit 1907 als Kinderärztin erst in Kiel, später in Wargenau tätig bleibt, wird ihr zum Vorbild, beruflich auf eigenen Füßen zu stehen.

Beate wird liberal, offen und mit vielen Freiheiten erzogen, geht auf reformpädagogische Schulen und hat schon sehr früh eine Vorstellung davon, was sie nicht will, etwa mit Puppen und Mädchen spielen oder Röcke tragen. Hosen geben ihr die Freiheit für ihren Bewegungsdrang. Im sportlichen Wettkampf misst sie sich am liebsten mit Jungen, sie wird mit 16 Jahren hessische Meisterin im Speerwurf.

So wundert es nicht, dass sie, inspiriert von den berühmten Flügen der Pilotin Elly Beinhorn, ihre Eltern mit dem Wunsch überrascht, Berufspilotin zu werden. Ihre Eltern unterstützen sie in ihrem Vorhaben. In der Berliner Fliegerschule ist Beate die einzige Schülerin unter 60 Männern, besteht zum 18. Geburtstag 1937 alle Prüfungen mit Bravour und wird Einfliegerin bei den Bücker Flugzeugwerken in Rangsdorf bei Berlin. Wieder ist sie die einzige Frau unter 2000 Angestellten. Fliegen ist ihre Leidenschaft. Für verschiedene Ufa-Filme fliegt sie Stunts und auch die Nazis können nicht auf ihre Fähigkeiten verzichten. Im Rang eines Hauptmanns bei der Luftwaffe fliegt sie Maschinen wieder zurück zum jeweiligen Heimatflughafen. Beate heiratet 1939 den elf Jahre älteren Fluglehrer Hans-Jürgen Uhse, der 1944 bei einem Einsatz abgeschossen wird. Ihr gelingt ein Jahr später, kurz vor Ende des Krieges, die Flucht mit dem Flugzeug nach Schleswig-Holstein. Nach kurzer britischer Gefangenschaft lässt sie sich mit ihrem kleinen Sohn Klaus erst in Nordfriesland, später in Flensburg nieder.

Es sind schwierige Zeiten für die junge Witwe, um sich und ihren Sohn über Wasser zu halten, denn die britische Besatzung verbietet ihr das Fliegen. Sie nimmt alle Arbeiten an, die sich ihr bieten, unter anderem verkauft sie Haushaltswaren an der Haustür, erfährt dadurch von den Problemen der Frauen mit ungewollter Schwangerschaft und den Gefahren illegaler Abtreibungen. Sie wundert sich über das Unwissen der Frauen über ihren eigenen Körper, für sie sind Aufklärung und Körperbewusstsein eine Selbstverständlichkeit.

Egal, ob als Hilfestellung für die Frauen oder als geniale Geschäftsidee, fest steht, dass Beate Uhse ihr Wissen zum Thema Empfängnisverhütung in der berühmten Schrift X zusammenfasst. Für den Gegenwert von fünf Pfund Butter lässt sie 2000 Exemplare drucken und verkauft sie zum Preis von zwei Mark pro Stück in Heide und Husum. Weitere 10 000 Postwurfsendungen mit Bestellschein für den Bezug der Aufklärungsbroschüre finden reißenden Absatz und deren Erlös bildet die Grundlage für den „Versandhandel für Ehehygiene", den Beate Uhse und ihr zweiter Mann Ernst-Walter (genannt: EWE) Rotermund, den sie 1949 heiratet, betreiben.

Damit beginnt ein jahrzehntelanger Kampf um Begriffe wie Unzucht, Sitte und Anstand, um enge Sittengesetze und kirchliche Sexualmoral. Die Prüderie der Nachkriegszeit steht den Bedürfnissen der Bevölkerung entgegen, die gerade ihre Freiheiten in Sachen Sexualität neu entdeckt. Beate Uhse holt ein Thema an das Licht der Öffentlichkeit, das sonst nur unter dem Ladentisch gehandelt und hinter vorgehaltener Hand besprochen wird. Das Bedürfnis nach Beratung ist groß. Es erreichen sie viele Zuschriften mit der Bitte um Ratschläge zu Ehe- und Paarproblemen. Gerne beantwortet sie diese auch persönlich, denn als Frau ist sie glaubwürdig und man nimmt ihr ab, wovon sie spricht.

Der Versandhandel mit der Erotik läuft prächtig. Die Firma Beate Uhse wird 1951 in das Handelsregister eingetragen. 1962 eröffnet das weltweit erste Fachgeschäft für Ehehygiene in Flensburg mitten in der Innenstadt, eine Provokation, begleitet von moralischer Empörung, „gegen Zucht und Sitte zu verstoßen und zur Aufpeitschung und Befriedigung geschlechtlicher Reize" zu animieren. Im Laufe ihres Geschäftslebens wird Beate Uhse mit 2000 Anzeigen konfrontiert und muss sich in 400 Prozessen verantworten, von denen sie nur einen verliert. Dadurch bleibt ihr Geschäft immer im Gespräch, sie versteht es meisterlich, sich in Szene zu setzen und die Publicity für sich zu nutzen. Ihr Geschäft expandiert und passt sich an neue Gegebenheiten wie die sexuelle Befreiung der Hippie-Zeit oder die Abschaffung des Pornografie-Verbots 1975 an. Als 1989 die Mauer fällt, sieht Beate Uhse darin ihre Chance für gute Geschäfte, ist auch hier zu Stelle und verteilt persönlich Kataloge.

Beate Uhse im hohen Alter, ganz entspannt an ihre Privatmaschine angelehnt. Das Fliegen hat sie nie aufgegeben.

Mit viel Geschick und Raffinesse umgeht sie immer wieder die vielen Hürden, die man ihr in den Weg stellt. Der Beschlagnahmung einer ganzen Lagerhalle voller Kataloge entgeht sie, indem sie in einer Nacht- und Nebelaktion die Ware auf LKW verlädt und zur Versandstelle nach Hamburg transportiert. Den konzerneigenen Verlag, bei dem ihre Bücher gedruckt werden, will der Börsenverein des deutschen Buchhandels wegen sittlicher Bedenken nicht aufnehmen. Stattdessen sorgt sie dafür, dass ihre Schriften in der deutschen Nationalbibliothek archiviert werden, ein genialer Schachzug. Auf die verweigerte Aufnahme in den Flensburger Tennisverein reagiert sie mit dem Bau eines eigenen Tennisplatzes auf ihrem Grundstück. Und auf den Vorwurf der Feministinnen, Frauen als Lustobjekt zur Gewinnmaximierung zu verraten, antwortet sie wahrheitsgemäß: „Ich bin Unternehmerin und nicht Jesus."

Während sich das Unternehmen „Beate Uhse" zum Weltkonzern entwickelt und 1999 sogar an die Börse geht, verläuft ihr Privatleben nicht so glücklich. 1972 wird ihre Ehe mit EWE Rotermund nach einer medialen Schlammschlacht geschieden, einer ihrer drei Söhne stirbt vorzeitig. Mit einem jungen farbigen Liebhaber an ihrer Seite bricht sie ein weiteres Tabu. Noch im hohen Alter lenkt Beate Uhse die Geschicke ihrer Firma selbst, die Arbeit gibt ihr Stabilität, wie sie sagt. Sie erklärt: „Eine Firma ist unglaublich dankbar." Als die Firmenchefin 2001 stirbt, verliert der Konzern auch seine Identifikationsfigur. Er hat der Konkurrenz des Internets nichts mehr entgegenzusetzen und befindet sich derzeit in Abwicklung.

Beate Uhse gilt heute zwar nicht als Ikone der Emanzipation und Gleichberechtigung, diese Rolle haben andere für sie übernommen, aber sie hat zumindest am Anfang ihrer Arbeit dafür gesorgt, dass das Thema Sexualität in allen seinen Facetten enttabuisiert wurde. Das war der Stadt Flensburg die Eintragung in das goldene Buch und die Benennung einer Straße mit ihrem Namen wert.

GERDA NISSEN

(1929–1999)

IM NAMEN DER ROSE

Journalistin, Buchautorin, Rosenexpertin.

In der Einleitung zu ihrem bei Rosenfachleuten und -liebhabern gleichermaßen bekannten Buch über alte Rosen heißt es: Im Juni 1975 verriet sie mir mit ihren dicht gewickelten, porzellanrosa Blüten ihr Versteck und damit das Geheimnis vieler alter Rosensorten, die längst verloren geglaubt und doch noch am Leben waren. Mit „Belle Isis" fing alles an.

Gerda Nissen umrahmt von einem blühenden Rosenstock anlässlich des Rosenfestes im Landwirtschaftsmuseum Meldorf in den 90er-Jahren.

Der Lebenslauf der Gerda Nissen lässt zunächst nicht darauf schließen, dass sie einmal eine international angesehene Rosenexpertin und Autorin vieler Fachbücher sein wird. Geboren 1929 in der Eulenspiegelstadt Mölln im Herzogtum Lauenburg und zusammen mit ihrem jüngeren Bruder aufgewachsen in der dortigen Stadtmühle, beginnt Gerda Meier 1950 eine Ausbildung als Journalistin bei den „Lübecker Nachrichten". Ihre Leidenschaft fürs Schreiben bringt sie als einzige Frau in die Lokalredaktion der Zeitung.

1954 heiratet sie den Historiker und freien Mitarbeiter Nis Rudolf Nissen, der zehn Jahre später als Museumsleiter nach Meldorf zieht, während Gerda weiter ihrem Beruf in Mölln nachgeht. Es wird eine jahrelange Wochenendbeziehung, bis Gerda nachkommt. Mit dem Umzug in das gemeinsame Haus beginnt die zweite Karriere der Gerda Nissen, allerdings eher zufällig.

Ein Bekannter kauft in einer Gärtnerei ein Sortiment historischer Rosen, für das sich offenbar niemand so recht interessiert. Als er Gerda Nissen einen üppig duftenden Strauß Rosen als Geschenk in den Arm legt, mit der Aufforderung, ihm bei der Bestimmung zu helfen, ist bei Gerda das Interesse geweckt. Sie stellt sich die Frage, ob die langlebigen Rosen auf eigenen Wurzeln eventuell heute noch auf den Dörfern irgendwo in versteckten Ecken zu finden sind, und betreibt Feldforschung.

Sie geht auf die Pirsch und wird gleich im Nachbardorf an einem Zaungeflecht fündig. Ihren ersten Rosenfund, die „Belle Isis", beschreibt sie, trotz deren biblischem Alter von 130 Jahren, „als schön und reizvoll wie eine junge Frau". Das Revier der Rosenjägerin umfasst das ganze Kreisgebiet Dithmarschens, in dem sie ca. 250 Fundstellen unentdeckter Schönheiten ausmachen kann. Ausgerüstet mit robuster Kleidung findet man Gerda in Knicks, alten Bauerngärten, Ruinen, hinter Friedhofsmauern, zwischen Brennnesselgestrüpp und Brombeerhecken, wo sie ihre „lebenden Antiquitäten" entdeckt und Ableger nimmt. Sie ist vorzugsweise zur Blütezeit der Rosen im Sommer unterwegs, wenn sich ihre Schätze allein durch ihren betörenden Duft verraten. Es sind 43 Sorten, die sie sorgfältig beschreibt, katalogisiert und bestimmt, soweit es möglich ist. Einige Fundrosen entziehen sich allerdings bis heute einer eindeutigen Zuordnung. Viel ist nicht zu erfahren über die historischen Rosensorten, das Wissen darüber scheint verloren gegangen zu sein. Aber Gerda gibt nicht auf, recherchiert, stöbert, findet alte Literatur, liest sich Fachwissen an, korrespondiert mit Rosenfachleuten in der ganzen Welt und bringt so eine beachtenswerte Bibliothek zusammen.

Viele alte Rosensorten haben ihren Ursprung im Frankreich zur Zeit Napoleons, daher die französischen Namen. Auch die „Belle Isis" gehört dazu. Die Verbreitung über ganz Europa, auch bis nach Dithmarschen, ist der Tradition geschuldet, dass junge Eheleute beim Auszug ein Wurzelstück einer alten Rose in ihr neues Heim mitnahmen. Nur durch ihre Anpassungsfähigkeit und Anspruchslosigkeit konnten die alten Rosensorten über Jahrhunderte unbemerkt in stillen Winkeln überleben, bevor sie von Gerda Nissen für die Nachwelt wiederentdeckt wurden.

Gerda Nissen stirbt unerwartet 1999 in ihrem Haus in Meldorf. Sie gilt heute als Entdeckerin und Bewahrerin alter Rosen. Ihr ist es gelungen, mit gutem Auge und noch besserer Nase die verborgenen Schönheiten dem Vergessen zu entreißen. Ihre Grundlagenforschung zu historischen Rosen fasst sie in einem kleinen Büchlein zusammen, das heute unverzichtbares Wissen für viele Rosenliebhaber und -experten enthält und inzwischen in der 11. Auflage erschienen ist. Die von ihr gefundenen Ableger gedeihen nach wie vor prächtig und sind heute im Rosengarten des Dithmarscher Landwirtschaftsmuseums in Meldorf zu bewundern. Alle zwei Jahre wird ein Rosenfest gefeiert.

Blüte der „Belle Isis", der Rose, mit der alles begann.

UTE BOETERS

(*1938)

WENN DAS GESICHT SPRICHT

Fotografin, Gymnastik- und Tanzlehrerin, Physiotherapeutin, Vorfuß- und Barfußläuferin. Ihr Motto lautet: „Geht nicht, gibt´s nicht. Wer sich nicht zu helfen weiß, ist es nicht wert, in Verlegenheit zu kommen."

Schon von Weitem wird der Besucher von einer fröhlich bunten Wetterhenne mit Kleid und Halskette begrüßt, die auf dem Turm der alten Villa anzeigt, woher der Wind weht. Hier, mitten in Kiel, lebt und arbeitet seit fast 40 Jahren eine der bekanntesten Fotografinnen der Stadt: Ute Boeters, geborene Ramert. Es gibt wohl kaum eine Familie, deren Mitglieder sie nicht in der einen oder anderen Weise vor der Kamera hatte.

In Ihrem Atelier herrscht kreatives Chaos, sie ist eine leidenschaftliche Sammlerin, wie sie selber zugibt, und das von Kindesbeinen an. Von ihrer Mutter, einer Meisterschülerin der Kunstakademie in Dresden, hat sie die Kreativität und Geschicklichkeit geerbt. Ihr Vater erklärt ihr als Ingenieur und Erfinder, später mit eigener Firma, die Welt der Naturwissenschaften, das Weltall, die Physik und die Fotografie. Als Ute zwölf Jahre alt ist, bekommt sie von ihrem Vater eine Rolleiflex 4x4 Kamera, die er im Garten vergraben und so vor dem Zugriff der Wehrmacht versteckt hatte. Damit beginnt eine lebenslange Leidenschaft, die sie aber erst später zum Beruf macht.

Ute ist ein bewegungsfreudiges Kind, ist interessiert, will alles genau wissen. Bereits im Alter von 15 Jahren liest sie sich durch die gesamte philosophische Literatur, beschäftigt sich intensiv mit den Schriften aller Weltreligionen, obwohl sie keiner Kirche angehört. Sie macht ihren Bewegungsdrang zur Grundlage ihres Berufs und wird zur Tanz- und Gymnastiklehrerin ausgebildet. Eine Physiotherapieausbildung schließt sie an – mit dem Ziel, Lehrerin für gesamtmusischen Unterricht zu werden.

Ute heiratet 1963, zwei Töchter werden geboren, insgesamt ist sie 17 Jahre lang Hausfrau und Mutter mit Eigenheim und Garten, bevor sie sich, durch die Emanzipationsbewegung der Siebzigerjahre ermutigt, aus der schwierigen Ehe befreit. Ein unverschuldeter Verkehrsunfall 1973 zwingt sie dazu, für ihr Leben einen neuen Sinn zu suchen, denn ihr wird Berufsunfähigkeit bescheinigt. Mit den Folgen wird sie sich ein Leben lang beschäftigen müssen. Die Technik des Vorfuß- und Barfußlaufens (GODO) hat ihr geholfen, ihren Körper nach dem Unfall vor Spätfolgen zu bewahren.

Ihre Leidenschaft für das Fotografieren hat sie trotz aller Hindernisse immer und oft heimlich ausgelebt. Familienfotos entwickelt sie in der Küche, Abzüge macht sie in der Dunkelkammer im Keller. Aus Freundschaften mit Kieler Künstlern und Schauspielern ergeben sich Fotoaufträge für Portraits, Ausstellungen, Bildbände von Kiel und Künstlerkataloge. Als freie Mitarbeiterin schreibt sie für die Presse, Zeilengeld und Bildhonorare kommen hinzu. Ihr Erfolg gefällt aber nicht jedem, denn sie ist Autodidaktin und die Handwerkskammer verlangt für das Betreiben eines Ateliers eine Meisterprüfung, die sie mit großem finanziellem und zeitlichem Aufwand nachholt.

Ute Boeters bevorzugtes Motiv sind Frauen. „Die kenne ich am besten", bekennt sie freimütig bekennt und bezeichnet sich selbst als diskussionsfreudige Feministin. Mit ihren klaren, wachen Augen schaut sie in die Seele der Portraitierten und wartet, bis „das Gesicht spricht", bis das Echte, Authentische und Ehrliche freigelegt ist. Erst dann drückt sie auf den Auslöser.

Ute ist in einem Alter, in dem andere schon längst im Ruhestand sind. Sie aber hat nach wie vor Freude an ihrer Arbeit und solange sie noch neugierig ist und offen für Neues, so lange macht sie weiter. Projekte und Ideen hat sie genug.

Die Fotografin Ute Boeters mit ihrem wichtigsten Handwerkszeug, ihrer Kamera.

HEIDE SIMONIS

(*1943)

MIT HUT UND FLINKER ZUNGE

Die ehemalige Ministerpräsidentin von Schleswig-Holstein ganz präsidial im schwarzen Jackett.

Volkswirtin, SPD-Politikerin, Kieler Ratsherrin, Mitglied des Landtages und des Bundestages, erste Finanzministerin in einem Bundesland, erste Ministerpräsidentin des Landes Schleswig-Holstein und in Deutschland überhaupt, Vorsitzende von UNICEF Deutschland, erste weibliche Ehrenbürgerin des nördlichsten Bundeslandes. Ihr Motto: „Wenn Du nur das tust, was Du kannst, wirst Du immer bleiben, was Du bist."

Heide Steinhardt, wie sie mit Mädchennamen heißt, war in vielen Dingen die Erste. So auch in ihrer Familie: Sie wird als älteste von drei Töchtern in Bonn geboren und wächst in einem politisch konservativen Elternhaus auf, in dem Sparsamkeit und Disziplin großgeschrieben werden. Als Gegenreaktion orientieren sich die drei Schwestern politisch eher nach links.

Sie beendet ihr Volkwirtschafts- und Soziologiestudium an der Kieler Universität 1967 mit dem Diplom und macht ihrem Freund Udo Simonis, Assistent an der Universität und später Professor für Umweltpolitik in Berlin, kurzerhand selbst einen Heiratsantrag, mit den Worten: „Einer muss ja die Sache in die Hand nehmen." Es ist ein schönes Beispiel für ihren Pragmatismus, eine Eigenschaft, die ihr auch in der Politik nützlich ist. Das Ehepaar Simonis geht für einige Zeit ins Ausland, nach Sambia und später Japan.

Es sind vor allem die Erfahrungen mit den Problemen in Afrika, die Heide Simonis dazu bewegen, sich politisch zu engagieren. 1969 tritt sie in die SPD ein. Machtbewusst, entschlussfreudig, redegewandt und mit wirtschaftspolitischem Talent sucht sie sich die männerdominierte Finanzpolitik als Plattform aus und macht in verschiedenen Funktionen Parteikarriere: Im Kieler Rathaus, im schleswig-holsteinischen Landtag und 1976 als jüngstes Mitglied des Deutschen Bundestages, damals in Bonn. Sie setzt sich durch, geht keinem Konflikt aus dem Weg und erwirbt sich mit ihrer Sachkompetenz Respekt. Mit ihrer flinken

Zunge, deren Tempo die Parlamentsstenografen zur Verzweiflung bringt, eckt sie oft an, nimmt aber kein Blatt vor den Mund und wirft den politischen Männerklüngeln vor, sie benähmen sich gelegentlich „wie Kinder im Sandkasten". Im Gegenzug bescheinigt ihr einer ihrer Parteigenossen, sie betreibe Politik auf „Pepitaniveau". Aber das ficht sie nicht an, kleine Scharmützel gehören zum politischen Geschäft.

Ministerpräsident Björn Engholm holt Heide Simonis 1988 als Finanzministerin in sein Kabinett nach Kiel, als erste Frau überhaupt in diesem Amt in Deutschland. Fünf Jahre später muss Engholm wegen der Spätfolgen der Barschel-Affäre zurücktreten und Heide Simonis wird seine Nachfolgerin. Auch hier ist sie wieder die erste Frau in dieser Position. Sie kommentiert das so: „In der Politik wird eine Frau erst dann ins Amt gehoben, wenn es zuvor einen Mann aus der Kurve getragen hat."

Zwölf Jahre bleibt Heide Simonis Ministerpräsidentin des Landes Schleswig-Holstein und führt das Agrarland in die moderne Zeit. Die Landesmutter mit Hut ist sehr bodenständig. So kann es schon mal vorkommen, dass sie ihre Landeskinder anlässlich der Kieler Woche dazu auffordert, sich anständig zu benehmen. Der Satz „Und macht keinen Scheiß!" geht in die Geschichte ein.

Heide Simonis mit einem Hut aus ihrer Sammlung, aufgenommen 1997.

In den Neunzigerjahren ist Heide Simonis in vielen Bereichen weiterhin die einzige Frau. Sie will das ändern und nimmt sich die Frauenpolitik der skandinavischen Länder zum Vorbild. In ihrem dritten Kabinett im Jahr 2000 sind erstmals mehr Frauen am Kabinettstisch als Männer.

Dann kommt die schicksalhafte Landtagswahl 2005. Die sicher geglaubte Wiederwahl von Heide Simonis zur Ministerpräsidentin wird zum Debakel, weil ihr ein Abgeordneter aus den eigenen Reihen, trotz Probeabstimmung, die Gefolgschaft verweigert. Sie verzichtet auf einen weiteren Wahldurchgang und legt alle politischen Ämter nieder. Sie fühlt sich „wie aus den Wolken geplumpst". Die Geschichte der Politikaffären in Schleswig-Holstein bekommt nach der Barschel- und der Schubladenaffäre mit dem „Heide-Mord", wie eine große Zeitung titelte, ein weiteres Kapitel hinzu.

Vier Wochen später wird Peter Harry Carstensen zum Ministerpräsidenten gewählt.

Heide Simonis braucht Zeit, um sich neu zu orientieren. Sie weitet ihr soziales Engagement aus und wird unter anderem Vorsitzende des Kinderhilfswerks UNICEF Deutschland. Und auch ihre Hobbys kann sie jetzt intensiver ausleben. Sie ist eine leidenschaftliche Sammlerin, geht gern auf Flohmärkte, besitzt eine große Hutkollektion, liebt es, Patchwork-Decken (sog. Quilts) herzustellen, und schreibt Bücher, darunter einen Krimi. Für ihr politisches und soziales Engagement wird sie vielfach geehrt, wie 2014 mit der Ehrenbürgerwürde des Landes Schleswig-Holstein – übrigens damit erstmals an eine Frau vergeben – und 2018 mit der Willy-Brandt-Medaille für ihre Verdienste für die Sozialdemokratische Partei. Heide Simonis fühlt sich seit 50 Jahren im Norden zu Hause und lebt mit ihrem Mann in Kiel.

THERESE CHROMIK

(*1943)

KEIN WORT ZU VIEL

Pädagogin, Schulleiterin, Dozentin, Literatin, Buchautorin und Herausgeberin. Sie ist eine der hoch geschätzten und geehrten Lyrikerinnen über die Grenzen Schleswig-Holsteins hinaus. Aber wie wird man eigentlich Lyrikerin und welche Impulse hat Therese Chromik in ihrem Leben erfahren, um sich auf diese Weise mit ihrer Muttersprache auseinanderzusetzen?

Therese Chromik hat sich mit ihrer Lyrik einen festen Platz in der Literaturszene erarbeitet.

Die Grundlagen werden schon in ihrer Kindheit gelegt. Die erste große Reise, die Resi Rieffert, so ihr Mädchenname, in ihrem zweiten Lebensjahr macht, ist die Flucht von Liegnitz/Niederschlesien in die Lüneburger Heide, wo sie eine glückliche und von Fürsorge geprägte Kindheit erlebt. Ihr Vater war Professor für Psychologie an der Universität Breslau. Ihre Mutter plante nach dem Lehrerexamen ein Psychologiestudium bei ihrem späteren Mann mit dem Ziel der Promotion. Der Krieg machte die Pläne zunichte.

Resi ist ein Vater-Kind, mit ihm geht sie im Sommer schwimmen, im Winter rodeln und er verwöhnt sie bei besonderen Anlässen mit einem Stück Schokolade, in der Nachkriegszeit eine Kostbarkeit. Er ist es auch, der ihr Interesse am Schreiben weckt. Als sie bei ihm Huckepack auf der Schulter sitzt, schaut sie fasziniert zu, wie er auf geheimnisvolle Weise das weiße Blatt Papier mit Linien und Zeichen füllt, die zusammengefügt ein Buch ergeben sollen. „Was muss das sein: ein Buch! Später wollte ich auch mal ein Buch schreiben, das stand fest." Sie wird Wort halten.

Ihre Mutter sensibilisiert sie für die Schönheiten der Natur. Sie ist ihre erste Lehrerin in der Dorfschule, die ihr mit ihrem reformpädagogischen Ansatz später zum Vorbild wird. Mit den Wort-Bild-Kärtchen und ihrer geliebten Fibel lernt Resi schnell lesen. Mit den zwischen Linien gepressten Schlaufen und Ösen der Schreibschrift hingegen hadert sie. Es beruhigt sie allerdings sehr, dass ihre Mutter offenbar alle Worte kennt und Ordnung in die Sprache bringen kann, denn für jede Wortgruppe gibt es ein eigenes Kästchen. „Die Wörter liefen nicht heimatlos herum, sondern hatten ein Zuhause." Nur das „Nicht" lässt sich nicht einordnen, „es hat in der Welt wohl nichts zu suchen", befindet Resi in ihren Erinnerungen und fährt fort. „Das ‚Nicht' war leer, es war ein Störenfried. Also versuchte ich, ohne das ‚Nicht' auszukommen und probiere es bis heute." Statt des „Nicht" wird das „Nichts" später Thema eines Gedichts und es ist schon erstaunlich, welche Aussagekraft ein „s" haben kann.

Musik spielt im Leben der Familie Rieffert immer eine große Rolle. Schubert, Beethoven, Mozart werden mit Klavier und Gesang ebenso zu Gehör gebracht wie die vom Vater vertonten Gedichte der Klassiker und eigene Texte und Kompositionen. Dadurch bekommt Resi sehr früh einen spielerischen Zugang zu Poesie und Lyrik und kennt die Zeilen, noch bevor sie Thema in der Schule werden. Als Resi etwa zehn Jahre alt ist, fällt ihr ein Literaturkalender in die Hände, mit dem Bild der lettischen Schriftstellerin Zenta Maurina (18197–1978), die über 120 Bücher geschrieben hat und die sie später bei einer Lesung sogar persönlich trifft. Resi ist beeindruckt von dieser interessanten Frau und beschließt: Das möchte ich auch mal, schreiben. Den Literaturkalender hat sie heute noch.

Therese Chromiks Kindheit endet jäh mit dem Tod des geliebten Vaters. Da ist sie 13 Jahre alt und versucht den Satz „Man lebt in seinen Kindern weiter“, den er ihr einmal gesagt hat, zu verstehen und sich damit zu trösten.

Nach dem Abitur 1964 entscheidet sie sich für ein Studium der Germanistik, Philosophie, Geografie und Kunst in Marburg und Kiel, wo sie zwei Jahre später das erste Staatsexamen ablegt. Es folgen Referendariat und Anstellungen an verschiedenen Kieler Gymnasien. 1966/67 kommt es bei einem Freund zur Begegnung mit ihrem späteren Mann Christian, ebenfalls Pädagoge. Es sind glückliche gemeinsame Jahre, zwei Kinder werden geboren, beider Schulkarrieren gehen voran, bis dieser Lebensabschnitt 1979 viel zu früh mit dem Tod ihres Mannes endet. Es ist dieses tief greifende Ereignis, diese abrupte Wendung des Schicksals, sie nennt das Schicksalshürde, verbunden mit tiefer Emotionalität, die sie dazu bringt, ihre Gefühle in vier Worte und deren Variation zu fassen. Ihr allererstes Gedicht ist ihrem Mann gewidmet:

Christian:
Leben mit Dir war
Leben war mit Dir
mit Dir war Leben

Damit beginnt Therese Chromiks Leben als Schriftstellerin und Lyrikerin. Es ist, als ob sich mit ihrem ersten Gedicht eine Schleuse geöffnet hätte. Sie veröffentlicht seit 1983, Buch um Buch, hält Vorträge, schreibt Aufsätze, wird Mitherausgeberin literarischer Jahrbücher,

Die Lyrikerin mit einer ihrer großen Vorbilder, der Schriftstellerin Hilde Domin in den 90er-Jahren.

ruft kreative Schreibwerkstätten ins Leben. All die vielen Gedichte, Essays, Prosaerzählungen, die in ihr schlummern, wollen niedergeschrieben werden. Sie fasst das in dem Satz zusammen „Was ich nicht sagen kann, bleibt unerlöst". Für sie ist das Schreiben eine Art Bewältigung und Bearbeitung gesellschaftlicher und persönlicher Entwicklungen, die sie aus Dichtersicht benennt. Oftmals sind es kleine Begebenheiten, Stimmungen oder Begegnungen, die sie zum Stift greifen lassen. In ihren Gedichten wird Erlebtes so stark gefiltert und reflektiert, dass die eigenen Gefühle hinter die eigentliche Wortbedeutung zurücktreten und so zu Mitteilungen werden, die dem Leser Zugang zu sich selbst ermöglichen. Insofern sind Gedichte für sie Gebrauchsgegenstände. Sie hält es da genau wie ihr großes literarisches Vorbild, Hilde Domin (1909–2006), die die Lyrik als Einladung zur Begegnung mit einem selbst versteht. Und sie hat ihren ganz eigenen Stil gefunden. Nach der intensiven Erfahrung mit Tod und Abschied „schienen zusammenhängende Sätze wie eine Beschönigung, ja, wie Lügen, denn sie täuschten einen Zusammenhang vor, suggerierten einen Sinn, den sie erst neu suchen musste". Ihre Gedichte werden in der Fachwelt als Sprachkunstwerke, als moderne Form des lyrischen Kurzgedichts, als „Poesie, die bei aller Knappheit Größe hat", bezeichnet. Ganz anders als noch zu Schulzeiten, als man ihre Aufsätze als zu lang, zu ausschweifend, zu detailgetreu beschreibt, wählt sie jetzt eine von allem Unwesentlichen befreite Lyrik, die mit wenigen Worten auskommt, die reduziert, kraftvoll und prägnant den Inhalt transportiert, aber dabei immer genug Raum für eigene Gedanken der Leser lässt. Sie nennt das „ihre Wortkinder, auf die ich aufpassen muss".

In ihrem Hauptberuf ist sie leidenschaftliche Pädagogin, leitet Schüler- und Erwachsenenwerkstätten für kreatives Schreiben, bildet als Fachleiterin Deutschlehrer aus und wird 2000 Schulleiterin des Theodor-Storm-Gymnasiums in Husum, in der Stadt, die ihr zur zweiten Heimat wird. Ihre niederschlesischen Wurzeln hat sie aber nie vergessen. Sie knüpft intensive Kontakte zur Universität Breslau und wird dort zu Lesungen eingeladen. Hier ergibt sich für sie nach ihrer Pensionierung 2007 die Möglichkeit, ihre bereits in den Siebzigerjahren begonnene Doktorarbeit zum Thema „Theorie und Praxis des kreativen Schreibens" zu vollenden und sie wird 2011 promoviert.

Therese Chromik wird sich weiterhin aktiv in den Literaturbetrieb einbringen, mit neuen Veröffentlichungen und Lesereisen auch im Ausland. Für ihr Bemühen um die deutsche Sprache erhält sie mehrere Literaturpreise und Reisestipendien. Sie lebt in Kiel und Husum, wo sie bei meditativer Gartenarbeit in ihrem Sommerhaus entspannen und über dem Deich die Unmittelbarkeit des Wetters erleben kann. Zum Schluss verrät sie noch ihr Lebensmotto:

„Nicht warten, bis jemand einen beglückt, sondern glücklich werden durch eigenes Tun."

JIL SANDER

(*1943)

DIE LUST AN PURER MODE

Die Modedesignerin und Unternehmerin hat als erste Frau in Deutschland ein weltweites Modeimperium aufgebaut.

Jil Sander wird als Königin des Weglassens bezeichnet und gehört mit ihren minimalistischen, klaren und schnörkellosen Entwürfen zu den zehn einflussreichsten Designern weltweit. Ihr Name steht für schlichte Eleganz der Schnitte, hochwertige Materialien und dezente Farben. Sie entwirft Mode für selbstbewusste, emanzipierte und erfolgreiche Frauen. Wie hat diese zurückhaltende, etwas scheue und unprätentiöse Frau es geschafft, mit ihrer Mode die Kleiderschränke ihrer Geschlechtsgenossinnen zu erobern? Jil Sander erklärt

Die Modedesignerin Jil Sander im typischen schwarzen Anzug bei der Eröffnung ihres großen Flagstores in der Hamburger Innenstadt 1997.

ihren Erfolg einmal so: „Ganz gleich, was ich mache, ob eine Flasche oder eine Tasche, einen Schuh oder eine Jacke, ich packe meine Seele hinein, und ich glaube, das übermittelt sich und ist die tiefe Grundlage meines Erfolges.“

Ihre Mutter hat sich vor den Bombardierungen Hamburgs im Zweiten Weltkrieg an die Westküste geflüchtet, wo Heidemarie Jiline Sander 1943 im Militärlazarett in Hedwigenkoog in Dithmarschen zur Welt kommt. Später empfindet sie ihre Vornamen als zu „deutsch“ und „zu süß“ und verkürzt ihn auf „Jil“. In der rauen Umgebung der Marschlandschaft verbringt sie die frühen Jahre ihrer Kindheit. Schon da hat sie eine bestimmte Vorstellung davon, wie Dinge auszusehen haben, seien es die Brotschnittchen, die sie essen, oder aber die Kleider, die sie tragen wollte.

Nach der Ausbildung zur Textilingenieurin in Krefeld schwimmt sie sich 1961 als Austausch-

Blick in die erste Jil-Sander-Ausstellung im Frankfurter Museum für angewandte Kunst 2018.

studentin in Amerika persönlich und beruflich frei und kehrt als Moderedakteurin und Fotografin bei den Frauenzeitschriften „Constanze“ und „Petra“ zurück. Ihr Perfektionismus steht ihr dabei oft im Weg. Es stört sie, dass Kleid und Trägerin selten zusammenpassen und Frauen eher als „Kleiderständer“ fungieren. Jil Sander möchte das ändern. Sie will Mode, die Frauen stärkt, die Haltung demonstriert und die die Persönlichkeit hervorhebt. Für sie ist Kleidung Ausdruck der Emanzipation und nicht Bedienen weiblicher Klischees. Und da es so eine Mode bisher noch nicht gibt, muss Jil Sander sie selbst entwerfen. Sie geht ein Risiko ein und eröffnet 1968 mit dem Erlös aus dem Verkauf ihres VW-Käfers und einem Kredit ihre erste eigene Boutique in Hamburg. Und das, ohne genau zu wissen, wie man ein Geschäft führt, und ohne richtig nähen zu können. Sie selbst bezeichnet sich als Autodidaktin.

In ihrer Wohnung über der Boutique, die auch als Atelier dient, schneidert sie zusammen mit Freundinnen die erste Kollektion, bestehend aus 150 Entwürfen. Der ganz in Schwarz gehaltene Verkaufsraum, die schlichten Schnitte, die dezenten Farben und die fast musterlosen Stoffe erregen landesweit Aufmerksamkeit und sind der krasse Gegenentwurf zu den schrillen Farben und Mustern der gerade aktuellen Hippie- und Popkultur. Hanseatisch kühl statt extravagant, Reduktion statt schillernder Effekte, Nachhaltigkeit statt Wegwerfgesellschaft, Jil Sander ist ihrer Zeit weit voraus und weiß genau, was sie will. Ihr künstlerisches Credo steht über allem, ihre intensive Suche nach der für sie bestmöglichen Form bis ins kleinste Detail. Ihre Kollektionen sind persönlich, nicht zuletzt weil sie sich selbst als Werbegesicht ihrer Produkte zur Verfügung stellt. Ein Novum in der Modeszene der 90er-Jahre.

Ihr Konzept trägt bis heute und trifft auch den Geschmack der nachfolgenden Generationen. Aus der kleinen Boutique in Hamburg ist längst ein Weltkonzern geworden. Für ihre Entwürfe wird sie mit Preisen und Ausstellungen geehrt. Mehrfach zieht sich Jil Sander aus ihrem Unternehmen zurück, mehrfach kommt sie wieder zurück. Bis sie sich nach dem Tod ihrer Lebensgefährtin 2014 endgültig auf ihr Gut Ruhleben bei Plön zurückzieht, um ihr Hobby Gartenarbeit zu pflegen. Vielleicht überlegt sie es sich noch einmal anders.

„Ich habe in mir einen starken Erneuerungsdrang. Dann muss ich loslegen: Wenn mir beim Autofahren die Frauenstimme meines Navigators sagt: Sie haben jetzt ihr Ziel erreicht, dann denke ich: Was meint sie damit? Ich bin doch noch gar nicht da.“

ANNIE LANDER LASZIG

(*1946)

DIE KIELER DÄNIN ODER DIE DÄNISCHE KIELERIN

Annie Lander Laszig in ihrer Bibliothek vor einem Bild mit einem Inuit-Mädchen 2019.

Die ausgebildete Lehrerin, ordinierte Theologin, Seemannspastorin, Schiffsseelsorgerin, Stadt- und Gästeführerin, Reiseleiterin, Expertin für Grönland, Journalistin, Buchautorin und langjährige Vorsitzende der deutsch-dänischen Gesellschaft ist die erste Dänin, die 2015 die doppelte Staatsbürgerschaft erhalten hat.

Das Weglassen des Bindestrichs zwischen ihren beiden Namensteilen des Nachnamens ist kein Fehler, sondern Vorgabe des Einwohnermeldeamtes in Kiel für die korrekte Einbürgerung, wie sie schmunzelnd erzählt.

Annie Lander Laszig wundert sich selbst über ihr Leben voller Abenteuer und Erfahrungen, das ihr wie ein Geschenk zugefallen ist und das sie neugierig, mutig und mit viel Selbstvertrauen jeden Tag aufs Neue gerne annimmt. Es sind wohl ihre positive Lebenseinstellung und ihre offene, herzliche und unkomplizierte Art, die ihr viele Chancen eröffnen. Einen festen Lebensplan hat sie nie konkret verfolgt. Begnadet ziellos, wie sie selber sagt, hat sie jedes Angebot als Geschenk empfunden, alles hat sich einfach so ergeben. Ihr Leitspruch lautet: „Jedes Menschenleben ist ein Märchen von Gottes Hand geschrieben."

Dieses Zitat von Hans-Christian Andersen, dem Lieblingsautor von Annie Lander Laszig, sagt viel aus über die sympathische Dänin, die seit 1988 mit ihrem Mann in Kiel lebt und das deutsch-dänische Zusammenleben im nördlichsten Bundesland jahrzehntelang geprägt hat.

Annie wächst zusammen mit ihrem Bruder in ihrer Heimatstadt Kopenhagen auf. Ihre Ausbildung zur Lehrerin bringt sie von 1973 bis 1975 als Entwicklungshelferin nach Tansania. Das folgende Theologiestudium ist Grundlage für ihre Tätigkeit als erste weibliche Seemannspastorin in Hamburg und ihre Mitarbeit als Rundfunkredakteurin für den NDR und die Deutsche Welle zu Themen des deutsch-dänischen Zusammenlebens.

Die Sehnsucht nach ihrer nordischen Heimat lässt sie aber nicht los. Sie wird Reiseleiterin bei der Reederei Hapag und ihre erste Reise geht nach Grönland, in ein Land, das ihr bei den inzwischen ca. 150 Besuchen zur Liebe und Leidenschaft geworden ist.

Als Ersatz für einen erkrankten Kollegen kommt Annie an Bord des TV-Traumschiffes „Deutschland". 16 Jahre, von 1998 bis zur allerletzten Reise 2014, bleibt sie dem berühmten Schiff erst als Expertin und Referentin für Grönland, später als Schiffsseelsorgerin verbunden. Sie lernt die ganze Welt kennen und hält Andachten an den außergewöhnlichsten Orten.

Die Pflege und Entwicklung der deutsch-dänischen Beziehungen liegen Annie Lander Laszig besonders am Herzen. Die wechselvolle Geschichte zwischen Deutschland und Dänemark, zwischen Schleswig und Holstein, führte über Jahrhunderte immer wieder zu kriegerischen Auseinandersetzungen, zur Rebellion, aber auch zu wirtschaftlicher Prosperität. Erst 1920 wird der Konflikt mit

Die Reiseleiterin und Schiffspastorin an Bord vor dem grönländischem Bergpanorama.

einem Volksentscheid über die Grenzziehung und die Zugehörigkeit der deutschen und dänischen Minderheit beendet. Seither gibt es einen regen Austausch auf allen Ebenen. Großen Anteil an dieser Entwicklung hat nicht zuletzt die Arbeit der Deutsch-Dänischen Gesellschaft, die sich 1970 gründete und die sich laut Satzung, „die Förderung und Vertiefung der Beziehungen zwischen Deutschland und Dänemark, sowie die Vermittlung von Kenntnissen der geistig kulturellen, sozialen, politischen und wirtschaftlichen Verhältnisse" beider Länder zur Aufgabe gemacht hat. So wundert es nicht, dass sich Annie nach ihrem Umzug nach Kiel 1988 auch hier intensiv engagiert, ab 2001 als erste dänische Vorsitzende, bis sie 2017 in den Ruhestand geht. Ihr liegt daran, die dänische Lebensart publik zu machen und mehr das Gemeinsame denn das Trennende zu betonen. Mit viel Charme und noch mehr Energie ist sie unermüdlich für die deutsch-dänische Verständigung im Einsatz, organisiert grenzübergreifende Projekte, Reisen, Vorträge, Ausstellungen und Seminare. Auf die Organisation und Umsetzung der Grönland-Filmfesttage ist sie besonders stolz.

2010 wird Annie Lander Laszig für ihre ehrenamtliche Arbeit und ihren Beitrag zum deutsch-dänischen Dialog mit dem Verdienstorden ihrer Wahlheimat Deutschland geehrt. „Für ihr jahrzehntelanges außergewöhnliches Engagement und ihre vielseitigen Verdienste im Kulturaustausch zwischen Deutschland und Dänemark", so die Laudatio, erhält sie 2013 das Ritterkreuz des Danebrog-Ordens ihres Heimatlandes Dänemark, für das sie bis heute als Goodwill-Ambassador Kopenhagens tätig ist.

Ihre Liebe zum Meer lebt Annie jeden Morgen und egal bei welchem Wetter mit einem erfrischenden Bad in der Kieler Förde intensiv aus. Sie sagt:
„Ich könnte nicht ohne das Meer leben. Am Strand gehen und auf das Meer schauen, man ist dann so nah bei Gott."

100 JAHRE DEUTSCH-DÄNISCHES ZUSAMMENLEBEN

2020 wird das 100-jährige Jubiläum des Volkentscheids zur Grenzziehung zwischen Dänemark und Deutschland sowie der deutsch-dänischen Minderheit und das 50-jährige Jubiläum der Deutsch-Dänischen Gesellschaft mit einem ganzen Festjahr gefeiert. Nach dem Zweiten Weltkrieg übernimmt der Südschleswigsche Wählerverband (SSW) die politische Vertretung der dänischen Minderheit. Er ist von der Fünfprozentklausel ausgenommen und hat immer einen Sitz im Kieler Landtag, in der derzeitigen Legislaturperiode sogar drei.

ANGELIKA VOLQUARTZ

(*1946)

EIN HERZ FÜR KIEL

Lehrerin, Schulleiterin, CDU-Ratsfrau in Kiel, Landtags- und Bundestagsabgeordnete, erste weibliche Oberbürgermeisterin der Landeshauptstadt Kiel, Mitbegründerin vieler sozialer Projekte.

Angelika Volquartz ist die erste Oberbürgermeisterin der Landeshauptstadt Kiel.

Als sie 2003 zur Oberbürgermeisterin in Kiel gewählt wird, erhält diese Wahl überregionale Bedeutung. Zum ersten Mal seit 1946 muss die SPD ihre Macht abgeben, zum ersten Mal regiert eine CDU-Grünen Koalition und zum ersten Mal steht eine Frau an der Spitze der Verwaltung. Es ist ein politisches Erdbeben in der Stadt an der Förde, als die Christdemokratin Angelika Volquartz die SPD-Hochburg gewinnt. Für sie ist es der Traumjob, in dem sie gestalten und etwas bewegen kann.

Angelika Volquartz wächst in Uelzen zusammen mit ihrem Bruder in einem liebevollen Elternhaus auf, das preußische Tugenden, klare Haltung und selbstbestimmtes Handeln vermittelt, Eigenschaften, die ihr bei der späteren Karriere als Politikerin nützlich sein werden. Doch zunächst bringt sie das Lehramtsstudium 1967 an die Kieler Universität. Sie gibt selbst ein praktisches Beispiel für die immer wieder eingeforderte Emanzipation und Gleichberechtigung, als sie selbstverständlich nach Hochzeit und Geburt ihrer Tochter 1969 ihr Studium fortsetzt. Der Ausbau der Betreuungsplätze für Kinder, die den Müttern die Berufstätigkeit erleichtern können, wird später Teil ihrer politischen Agenda.

Als ausgebildete Realschullehrerin kommt Angelika Volquartz an eine Schule mit schwierigem Umfeld. Sie gilt als streng, aber fair, akzeptiert keine Grenzüberschreitungen, setzt auf Gespräche und erarbeitet sich Respekt. Für sie sind offene Türen, gegenseitiges Zuhören und Wertschätzung besonders wichtig. Und sie schwört auf die Kraft „gemeinsamer Butterbrote“, die manchmal Wunder wirken können. 20 Jahre wird sie den Beruf ausüben, sieben davon als Schulleiterin, bevor sie 1990 ihre politische Karriere beginnt.

Bereits 1978 tritt sie in die CDU ein, für die sie 1990 erst in den Kieler Stadtrat, ab 1992 in den Schleswig-Holsteinischen Landtag und ab 1998 in den Deutschen Bundestag gewählt wird. Für sie ist es selbstverständlich, innerhalb der politischen Gremien gegen männliche Konkurrenten anzutreten. Sie will keine Sonderbehandlung als Frau, sondern den Kampf der besseren Konzepte und Argumente.

Wie schwer es ist, in der Politikwelt als Frau ernst genommen zu werden, zeigen die Wahlslogans der politischen Gegner, wie etwa „Kompetenz statt Kostüm“ oder auch „Jetzt hau’n wir Püppi aus den Pömps“. Dass man ihre Durchsetzungskraft, Nervenstärke und ihren Kampfgeist unterschätzt, stört sie nicht, da kann sie mit Taten und Resultaten überzeugen, wohl aber die Reduzierung auf das Äußere und ihr Geschlecht. Was „Kompetenz im Kostüm“ bewirken kann, müssen die politischen Gegner 2003 erfahren, als sie bei der Oberbürgermeisterwahl in Kiel einen fulminanten Sieg für ihre Partei einfährt. In der Stichwahl setzt sie sich gegen den SPD-Gegenkandidaten durch und wird Nachfolgerin von Norbert Gansel als Oberbürgermeisterin in Kiel. Die Stadt ist darauf nicht vorbereitet, es muss erst ein neues Schild mit weiblicher Endung für das Büro hergestellt werden.

Sie geht ihre neue Aufgabe gemeinsam mit dem grünen Koalitionspartner mit viel Energie und bewährtem Konzept an. Sie lenkt den Fokus auf die Sacharbeit, passt dabei oft parteipolitische Grundsätze der Realität an. Sie fördert den Dialog und setzt auf persönlichen Kontakt, ihr ist es lieber miteinander zu reden als übereinander. Informiert zu sein und sich selbst ein Bild zu machen ist ihr wichtig. Sie scheut auch nicht davor zurück, sich bei den Männern der Kieler Abfallwirtschaft zum Frühstück anzumelden, um zu erfahren, wo der Schuh drückt, oder in voller Uniform eine mehrtägige Wehrübung auf verschiedenen Marinebooten zu absolvieren, obwohl sie an Seekrankheit leidet.

Angesichts der desolaten Haushaltslage verordnet sie der Stadt in Teilen einen Sparzwang. Sie übernimmt das Amt der Wirtschaftsdezernentin gleich selbst und fördert den engen Kontakt zwischen Wirtschaft und öffentlicher Hand, wodurch viele Projekte erst möglich werden. Gerne hätte sie noch eine zweite Amtszeit gehabt, um die angestoßenen Projekte abzuschließen. In der Wahl 2009 unterliegt sie jedoch Thorsten Albig von der SPD. Für ihr soziales Engagement wird sie vielfach geehrt, unter anderem mit dem Bundesverdienstkreuz. Sie hofft für die Zukunft, „dass mehr von uns bereit sind, für unser Leben und Zusammenleben Verantwortung zu übernehmen, und dass die Ideen, die sich im Dialog ergeben, umgesetzt werden. Das ist Politik, wie ich sie mir wünsche.“

KIRSTEN BRUHN

(*1969)

SIE KANN MEHR, ALS SIE DACHTE

Sie ist eine der erfolgreichsten Schwimmerinnen weltweit mit körperlicher Beeinträchtigung und setzt sich intensiv für Inklusion ein.

Kirsten Bruhn ist 65-fache deutsche Meisterin, achtfache Europa- und sechsfache Weltmeisterin im Leistungsschwimmen, stellte 64 Europarekorde und 54 Weltrekorde auf, gewinnt insgesamt 11 Medaillen bei drei paralympischen Spielen, davon allein drei goldene, und ist als erste Frau und paralympische Leistungssportlerin Mitglied im Präsidium des Behindertensportverbands. Ihr Lebensweg ist Teil eines Motivationsfilms, der in vielen Schulen inzwischen zum Unterricht gehört („Gold – Du kannst mehr, als Du denkst.“). Diese außergewöhnliche Sportlerkarriere war in ihrer Lebensplanung so weder vorgesehen noch abzusehen. Ihr Motto lautet:

Kirsten Bruhn bei der Verleihung des Sportjournalistenpreises in Hamburg 2017.

„Wenn du dir nicht selbst hilfst, hilft dir niemand … Freue dich über das, was du hast, und jammere nicht über das, was noch fehlt.“

Kirsten Bruhn ist ein lebhaftes Kind und wächst zusammen mit ihren vier älteren Geschwistern in Neumünster im Herzen Schleswig-Holsteins auf. Schwimmen wird zum gemeinsamen Hobby aller Familienmitglieder. Das Training prägt das Familienleben und der VW-Bus dient als Basislager bei Wettkämpfen. Mit den Worten ihres Vaters „Schwimm, sonst hast du ein Problem!“ lernt Kirsten bereits mit drei Jahren, sich sicher im Wasser zu bewegen, schwimmt mit zehn Jahren ihre ersten Wettkämpfe.

Nach dem bestandenen Fachabitur geht sie für ein Jahr als Au-Pair nach Amerika, quasi als Selbstfindungsphase, um sich Klarheit über ihren weiteren Lebensweg zu verschaffen. Sie entscheidet sie sich für ein Grafik-Design-Studium in Hamburg. Doch bevor es losgeht, macht sie mit ihrem Freund erst mal Urlaub. Das ist Kirsten Bruhns Leben „davor“.

Ihr Leben „danach“ beginnt mit einem Motorradausflug an einem sonnigen Tag auf der griechischen Insel Kos. Ein entgegenkommendes Auto schneidet die enge Kurve, es kommt zu einem folgenschweren Unfall. Während Kirstens Freund mit ein paar Schrammen davonkommt, kann sie ihre Beine nicht mehr bewegen. Was folgt, ist eine langwierige Rettungsaktion, auf die das Gesundheitswesen der Insel nicht vorbereitet ist, bevor sie endlich in Deutschland die Hilfe bekommt, die sie braucht. Wochenlange Untersuchungen, Schmerzen, Medikamente und Operationen gipfeln am Ende in dem wenig einfühlsamen Satz eines Arztes: „Frau Bruhn, das mit dem Gehen können Sie vergessen.“ Die Konsequenz dieses Satzes wird ihr erst langsam klar, sie hadert mit ihrem Schicksal, ist verzweifelt. Ein Fünkchen Hoffnung gibt es aber doch, ihre Diagnose lautet inkomplette Querschnittslähmung. Sie lässt alle Therapien über sich ergehen und stellt fest, es gibt kleine Fortschritte, die sie motivieren weiterzumachen, sie nennt das „das Nichtaufgeben-Gen“.

Es dauert einige Zeit, dann ist für Kirsten Bruhn Schluss mit Jammern. Sie arrangiert sich mit der Tatsache, dass der Rollstuhl ihr ständiger Begleiter ist und sie in vielerlei Hinsicht mit Einschränkungen leben muss. Sie fasst wieder Lebensmut und plant in die Zukunft. Eine Ausbildung zur Sozialversicherungsfachangestellten bei einer großen Krankenkasse schließt sie 1996 erfolgreich ab.

Und auch sportlich geht es langsam voran. Sie will wieder ins Wasser, in ihr Element, um beweglich zu bleiben. Ihr Vater und Trainer entwickelt Trainingsabläufe, Muskelaufbau und Krafttraining, die auf ihre Bedürfnisse zugeschnitten sind. Das, was ihre Beine nicht mehr können, muss anderweitig kompensiert werden. So schwimmt sie zunächst einsam ihre Bahnen gegen die Uhr. Nur zögerlich kommen Ehrgeiz und Kampfgeist zurück, sich dem Wettkampf zu stellen, diesmal im Behindertensport. Aber schließlich will sie es doch noch einmal wissen und sich selbst zeigen, was alles

Die Rekordschwimmerin Kirsten Bruhn in ihrem Element bei den deutschen Meisterschaften 2014.

in ihr steckt, will sich niemals aufgeben. Die vielen Stunden im Wasser haben sich gelohnt.

Ihre außergewöhnliche Siegesserie beginnt mit ihrem ersten Auftritt 2002 bei den deutschen Meisterschaften in Berlin, bei denen sie deutsche Meisterin über 50 Meter Rücken wird. Der Rest ist Geschichte. Zehn Jahre hat Kirsten Bruhn gebraucht, um nach ihrem Unfall wieder zurück ins Leben zu finden. Sie bewertet das so: „Das Schwimmen half mir, gegen mein Unglück, gegen die Schmerzen anzukämpfen, und bescherte mir einzelne, später immer mehr Glücksmomente. Ich schwamm, um zu überleben; ich bin ins Leben zurückgeschwommen."

Kirsten Bruhn wird für ihre herausragende Schwimmkarriere, die sie 2014 mit einem letzten Wettkampf beendet, vielfach ausgezeichnet und gilt als Vorbild für den Behindertensport. Sie arbeitet heute als Botschafterin für Reha, Prävention und Sport am Unfallkrankenhaus in Berlin, wo sie seit 2014 lebt. Die Schwimmhalle, in der alles anfing, trägt ihren Namen.

BÄRBEL FEDDERSEN

(*1975)

LANDFRAU MIT LEIDENSCHAFT

Sozialversicherungsfachangestellte, Agrarbetriebswirtin, Wasserbüffelzüchterin, Bauernhofpädagogin, politisch aktiv als Kreistagsabgeordnete, in der Frauenunion und im Landesfachausschuss Umwelt. Ihr Motto: „Dat löpt sich ans torecht.“ (Plattdeutsch für: Alles wird gut.)

Das ist die Devise der Powerfrau aus Nordfriesland, die eine echte „Plattsnackerin“ ist und sich immer mal wieder augenzwinkernd daran erinnern muss, dass ihr Gegenüber nicht unbedingt alles versteht. Und von dem Klischee des viel zitierten wortkargen und introvertierten Menschenschlags der Westküste ist Bärbel Feddersen weit entfernt.

Sie wächst mit ihren Geschwistern im landwirtschaftlich geprägten Immenstedt in Nordfriesland auf. Ihre Familie hat viel mit Milchwirtschaft zu tun. „Uns liegt die Milch wohl im Blut“, bekennt sie freimütig. Und auch bei ihr wird Milch später eine Rolle spielen, aber davon ahnt sie bis dahin nichts, denn zunächst macht sie eine Ausbildung zur Sozialversicherungsfachangestellten.

Die Landfrau Bärbel Feddersen aus Immenstedt in Nordfriesland.

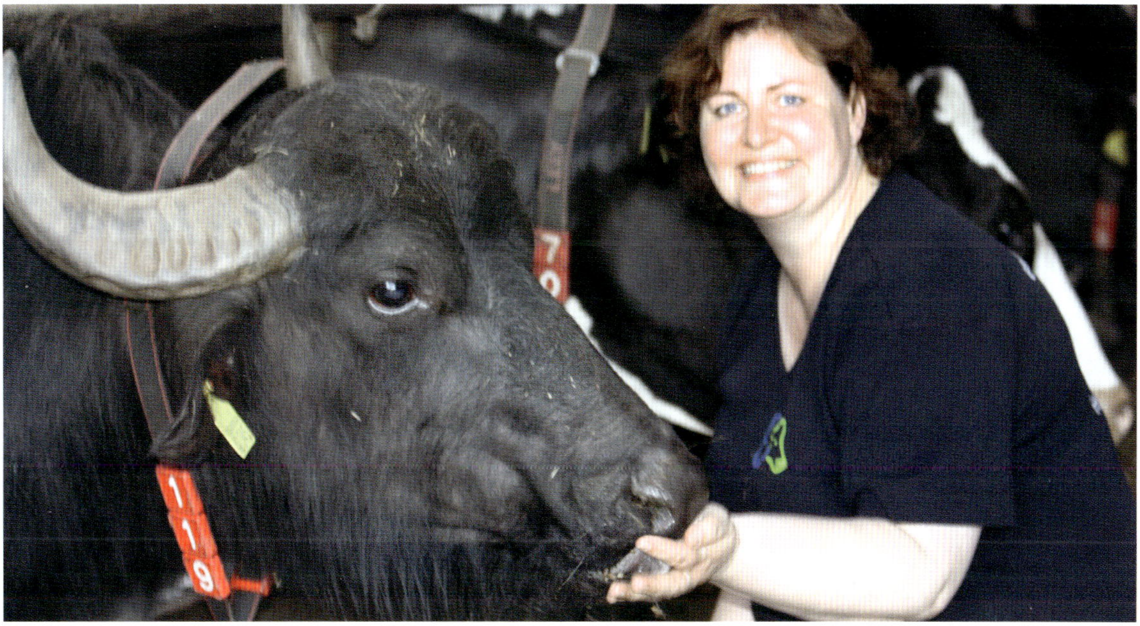

Die Büffelliebhaberin mit „Butschi", dem ersten Tier ihrer Herde.

Dann kommt der Abend in der Dorf-Disco. Bärbel steht mit ihrer Freundin Dörte zusammen, als ein neuer Gast den Raum betritt und Bärbel ihr zuraunt: „Du, ich weiß zwar nicht, wer das ist, aber den heirate ich!" So etwas nennt man wohl Liebe auf den ersten Blick und es zeigt: Was sich Bärbel in den Kopf gesetzt hat, zieht sie durch. Im Jahr 2000 ist Hochzeit und sie zieht auf den über hundert Jahre alten Hof ihres Mannes Arno.

Der plötzliche Tod ihres Schwiegervaters und die folgende Alleinverantwortung ihres Mannes für den Hof stellen Bärbel vor neue Herausforderungen und Entscheidungen. Sie steigt voll mit ein, muss aber feststellen, dass ihr Wissen über die Landwirtschaft nicht ausreicht, um einen Betrieb führen zu können. Sie beschließt, noch einmal die Schulbank zu drücken, und wird zur staatlich geprüften Agrarbetriebswirtin ausgebildet. Damit kann sie jetzt Verantwortung übernehmen, darf ausbilden und freut sich, dass sich vor allem viele Mädchen bei ihr bewerben.

Um in der heutigen Zeit Landwirt zu sein, bedarf es großer Leidenschaft, neuer Ideen und der Erkenntnis, dass sich Landwirtschaft und Umweltschutz nicht ausschließen müssen. Jetzt steht nur noch die nordfriesische Höfeordnung, nach der nur der erstgeborene Sohn erbt und die Witwe leer ausgeht, einer gleichberechtigten Partnerschaft der Eheleute im Weg. Das Ehepaar Feddersen teilt den Hof unter sich auf und wandelt das Unternehmen in eine GbR um. Neue Konzepte müssen her, um das Überleben des Hofes zu sichern. Eine im ganzen Umland bekannte Milchtankstelle wird eingerichtet, bei der sich jeder seine Milch gegen Entgelt im Hofladen rund um die Uhr abzapfen kann. Vor allem bei der feierwütigen Dorfjugend,

Die beliebte Milchtankstelle.

die auf die alkoholneutralisierende Wirkung der Milch schwört, ist das an den Wochenenden der Renner.

Mit der Liebe auf den ersten Blick hat es ja schon einmal gut geklappt. Jetzt verliebt sich Bärbel Feddersen in das treue, sensible und gutmütige Wesen von Wasserbüffel „Butschi“ und beschließt, mit der Nutzung und Zucht dieser besonderen italienischen Mittelmeerrasse ihrem Hof ein Alleinstellungsmerkmal zu geben. Seit 2012 ist Bärbel unter ihrem Spitznamen „Büffel-Bärbel“ im ganzen Land bekannt. Ihre Herde liefert fette Milch, die auch bei Laktoseunverträglichkeit geeignet ist und aus der in der eigenen Hofkäserei weitere Milchprodukte hergestellt werden. Auch auf diesem Gebiet möchte sie ihr Wissen erweitern und macht eine zweijährige Ausbildung zur staatlich geprüften Fachagrarwirtin der handwerklichen Milchverarbeitung, so der offizielle Name. Im Herbst 2020 wird sie diese als Hofkäserin abschließen.

Ein weiteres wichtiges Anliegen von Bärbel Feddersen ist es, vor allem Kindern mit Einschränkungen das Leben auf einem Bauernhof näherzubringen. Dazu ist der alle zwei Jahre stattfindende Familienhoftag geeignet, an dem sich bis zu 4000 Menschen informieren, wo eigentlich die Produkte im Laden herkommen. Für ihre wöchentlichen Kinder- und Inklusionskurse hat Bärbel eine Zusatzausbildung zur Bauernhofpädagogin gemacht. In den Kursen packen die Kinder mit an, erarbeiten gemeinsam ein Ergebnis und stärken nebenbei ihr Selbstbewusstsein.

Bärbel Feddersen und ihr Mann haben mit neuen Ideen ihren Hof fit gemacht für die Zukunft und die steht schon mit Sohn Thies bereit, der auch seine Leidenschaft für die Landwirtschaft entdeckt hat. Ihr politisches Engagement im Umweltausschuss ist ihr wichtig, um Voraussetzungen zu schaffen, Landwirtschaft mit Nachhaltigkeit und Umweltverträglichkeit in Einklang zu bringen. Eine Herkulesaufgabe für die Zukunft! Sie wird ganz nachdenklich, als sie sagt: „Ein Landwirt in Deutschland kann 140 Menschen ernähren, warum können 140 Menschen nicht einen Landwirt ernähren?“ Daran wird sie arbeiten.

NATHALI FELDHUSEN

(*1980)

UNTER SEGELN ZU NEUEN UFERN

Segelmacherin mit eigener Werkstatt.

Nathali Feldhusen ist eine echte Kieler Sprotte, geboren und aufgewachsen mit ihrem jüngeren Bruder in Kiel-Schilksee. Der große Sportboothafen, der zur Kieler Woche, dem größten Segelereignis der Welt, zum Mekka der Wassersportler wird, ist ihr Zuhause. Auch in ihrer Familie wird das Segeln großgeschrieben. Nathalis Großvater sorgt dafür, dass sie schon mit vier Jahren ihr erstes Segelboot bekommt, und noch bevor sie eingeschult wird, macht sie den ersten Segelschein. Sooft es geht, ist sie auf dem Wasser, kümmert sich um ihr eigenes kleines

Boot und segelt Regatten entsprechend ihrer Altersstufe, immer begleitet von ihrem Großvater.

Nach ihrem Schulabschluss weiß Nathali nicht so recht, wo die berufliche Reise hingehen soll. Als sie bei einer bekannten Segelmacherwerkstatt in Schilksee reinschnuppert, merkt sie sofort: Das ist es! Die Kombination aus Wassersport und altem Handwerk in Verbindung mit modernen Materialien, Präzision und Kreativität, das könnte sie sich als Beruf gut vorstellen. Und sie bekommt die Lehrstelle als Segelmacherin. Drei Jahre lernt sie mit unterschiedlichsten Materialien umzugehen, Schnittmuster zu erstellen, schwierige Reparaturen auszuführen und mit den speziellen Nähmaschinen umzugehen. Von den anfänglich drei Frauen unter mehrheitlich Männern, die die Ausbildung beginnen, ist Nathali die Einzige, die ihren Abschluss macht. Einige Jahre bleibt sie ihrem Ausbildungsbetrieb treu, bis sie alle Kniffe kennt und jeder Handgriff sitzt.

Sie möchte sich aber noch auf anderen Gebieten weiterbilden und „heuert" bei einem Yachtausrüster an, wo sie alles über Bootszubehör, Warenkunde, Einkauf und alles Kaufmännische erfährt. Das ist ihr ganz wichtig, denn Nathali hat einen Traum, den Traum von der eigenen Segelmacherwerkstatt, der jetzt immer konkretere Formen annimmt. Alles will gut überlegt und vorbereitet sein und auch eine geeignete Werkstatt muss noch gefunden werden. Die fällt ihr zum richtigen Zeitpunkt direkt in der Nachbarschaft fast vor die Füße. Bevor sie sich aber in die Selbstständigkeit begibt, wägt Nathali nochmal alle Risiken ab, begegnet den Vorbehalten aber mit Optimismus, Selbstvertrauen und Wagemut. Ihr Motto, „Gib jedem Tag die Chance der beste Deines Lebens zu werden" unterstreicht ihre positive Lebenseinstellung. Sie ergreift ihre Chance und wird Unternehmerin. Die alte Segelmacherwerkstatt, die lange Zeit als Lagerraum genutzt wurde, muss aber erst aus dem Dörnröschenschlaf geweckt werden. Familie und Freunde packen mit an, bauen Zuschneidetische, Hochregallager und die unentbehrlichen Nähmaschinen auf, entwerfen den Internetauftritt und Werbematerial, organisieren die Buchhaltung.

2014 ist es endlich so weit, ihre Segelmacherwerkstatt wird offiziell eröffnet. Im Sportboothafen spricht sich schnell herum, dass Nathali eine eigene Werkstatt aufgemacht hat, und da man von ihr gute Arbeit gewohnt ist, lassen die Kunden nicht lange auf sich warten. Jeder weiß, ohne das Fachwissen eines Segelmachers läuft im Wassersport gar nichts. Nathali findet für jedes Problem eine individuelle Lösung, vom neuen Druckknopf bis zur Anfertigung eines kompletten Segelkleides ist alles dabei. Und die „alte Dame", wie sie ihre Lieblingsnähmaschine nennt, ist immer noch zuverlässig und hat sie bisher nicht im Stich gelassen. Für alles, was nicht transportabel ist, kommt Nathali an Bord, denn Kundenberatung vor Ort ist ihr sehr wichtig. Sie ist eine wahrhaft starke Frau, auch physisch, denn sie muss viel Kraft in Händen und Armen aufwenden, um die großen Segel zu bewegen, die bis zu 80 Kilo schwer sein und die Größe einer Kleinwohnung haben können.

Im Winter wird es etwas ruhiger und es bleibt Zeit für Nathali, sich gelegentlich eine Auszeit zu gönnen und zu reisen, Konzerte, Theater oder Sportveranstaltungen zu besuchen. Und irgendwann möchte sie auch mal wieder selbst aufs Wasser. Dafür bleibt im Moment aber leider zu wenig Zeit, denn die nächste Segelsaison wartet schon und damit auch ihre Kunden.

Die unverwüstliche Nähmaschine Adler 166 bewältigt selbst die kniffligste Aufgabe.

MARTINA DRÖSE

(*1980)

VON DER VERKÄUFERIN ZUR KAPITÄNIN

Ausgebildete Verkäuferin, Kapitänin auf Küstenfahrt, passionierte Petrijüngerin, Marathonläuferin, deren Lebensmotto lautet: „Hinfallen ist erlaubt, nicht wieder aufstehen ist verboten!"

Martina Dröse ist in Eckernförde geboren, mit schwankenden Schiffsplanken unter den Füßen. Das Meer ist ihre Leidenschaft, wohl auch, weil ihr Vater sein Geld mit dem eigenem Kutter verdient und sie ihn so oft es geht begleitet. Statt mit Puppen zu spielen, interessiert sie sich für Fischfang oder für die Funktionsweise eines Dieselmotors, sammelt Erfahrung als Decksfrau, im Maschinenraum und auf der Brücke. Damit sie weiter ihrem Vater zur Hand gehen und auf dem Meer sein kann, ermöglicht ihr Vater ihr als Lehrherr eine Ausbildung auf seinem Angelkutter, wegen des Verkaufs der großen Transitrationen nach Art der früheren Butterfahrten als Verkäuferin. Mit der geplanten Festanstellung bei ihrem Vater wird es allerdings nichts, denn er geht gesundheitsbedingt in den verdienten Ruhestand und mit ihm auch der letzte Angelkutter in Eckernförde. Martina bleibt an Land und verdient sich ihren Lebensunterhalt in einem großen Baumarkt, ein Job, den sie viele Jahre ausfüllen wird, der sie aber nicht erfüllt.

Als es 2005 erneut einen Angelkutter in Eckernförde gibt, nutzt Martina die Chance erst nur an den Wochenenden, später in Festanstellung als Decksfrau wieder Meeresluft zu schnuppern. Der Kapitän weiß um ihre Qualitäten und fordert sie auf, ihr Kapitänspatent zu machen. Martina entwickelt ungeahnten Ehrgeiz und macht das kleine Küstenpatent an der Seefahrtschule in Flensburg. Doch bevor sie selbst ans Ruder darf, muss sie das Patent als nautischer Offizier erst mal ausfahren. Das gelingt nach ihrem Wechsel zur Adler-Reederei mit Sitz auf Sylt, die den Ausflugsverkehr auf der Nordsee bedient und dringend Verstärkung braucht. Sie muss sich mit einem neuen Revier, mit den Tücken des Wattenmeers und auch mit unterschiedlichsten Schiffstypen

Die Kapitänin Martina Dröse auf der Brücke der Adler I.

Die Personenfähre Adler I ist als „Schuhkarton" bekannt und versieht zuverlässig ihren Dienst auf dem Kanal.

vertraut machen. Und weil sie inzwischen Spaß am Lernen hat, macht sie in einer Rekordzeit von nur drei Monaten ihr Maschinenpatent in Cuxhaven, als eine von zwei Frauen unter 28 Männern.

Das reicht ihr nicht, denn im Winter ruht der Fahrgastbetrieb, und sie schließt das Patent für Fähren auf dem Nord-Ostsee-Kanal an, die rund um die Uhr und ganzjährig im Einsatz sind. Damit ist sie jederzeit einsatzbereit, springt zwischen den verschiedenen Einsatzorten auf Nord- und Ostsee hin und her, nimmt lange Arbeits- und Anfahrtszeiten in Kauf, gönnt sich dabei keine Auszeiten und vergisst darüber ganz sich selbst. Nach massiven gesundheitlichen Problemen gibt sie das unstete Leben auf und sucht sich eine neue, weniger stressige Aufgabe. Gerade zur rechten Zeit wird auf der „Adler I", der kleinen Kanalfähre für Fußgänger und Fahrradfahrer, die liebevoll „Schuhkarton" genannt wird und die zwischen den Kieler Ortsteilen Holtenau und Wik verkehrt, eine Stelle frei. Die Fähre ist nicht leicht zu handhaben und Martina hat größten Respekt vor der neuen Aufgabe. Ein Kollege hilft ihr so lange beim „Einfahren", bis alle Manöver reibungslos klappen. Seit Mai 2019 ist sie nun als einzige Frau von sechs Kollegen als Kapitänin fest auf der Kanalfähre angestellt und empfindet ihre Aufgabe „wie Urlaub" – mit geregelten Zeiten, freundlichen Passagieren und netten Kollegen. Und ist mal auf dem Kanal „Not am Kapitän", Martina kennt die Autofähren an den anderen Fährstellen und kann jederzeit aushelfen. „Alles kann, nichts muss", ist ihre Devise und sie klingt dabei ganz zufrieden.

Neben ihrer Begeisterung für Maschinen und das Meer ist das Angeln Martinas große Leidenschaft und das von Kindesbeinen an. Sie besitzt alle wichtigen Angellizenzen, sogar die für den Seetierfang im Wattenmeer, um den Besuchern auf Ausflugstörns die Unterwasserwelt zu zeigen.

Seit ein paar Jahren versucht sie sich im Marathonlaufen, wenn auch nicht mit rekordverdächtigen Zeiten, aber für sie ist Dabeisein alles. Um ihre selbst gesteckten Ziele nicht aus den Augen zu verlieren, hängt bei ihr zu Hause in Eckernförde ein Rahmen mit einem

Martina Dröse manövriert die Fähre sicher über den Nord-Ostsee-Kanal.

großen Fragezeichen und den Worten „Was ist mein Ziel im nächsten Jahr?“ Die Teilnahme am Frankfurter Marathon oder das Fahren eines Schleppers wären solche Ziele, und sie lässt keinen Zweifel daran, dass sie das schaffen wird.

DER NORD-OSTSEE-KANAL

Der Nord-Ostsee-Kanal wurde 1895 als Kaiser-Wilhelm-Kanal eingeweiht und ist die am meisten befahrene künstliche Wasserstraße der Welt. Die durch den Kanal getrennten Landverbindungen werden durch insgesamt 10 Hochbrücken, zwei Eisenbahnbrücken, 14 Fähren und eine reine Fußgängerfähre wieder geschlossen und können kostenfrei genutzt werden. Die Fährleute müssen Revierkenntnisse nachweisen und benötigen das Binnenschifferpatent A mit Kapitänserfahrung. Da die Schifffahrt auf dem Kanal immer Vorfahrt hat, kann es an den Fähranlegern zu Wartezeiten kommen, und es bleibt Zeit, sich die Passage der großen „Pötte" anzusehen.

AMINATA TOURÉ

(*1992)

BRINGT EUCH EIN, WERDET SICHTBAR!

Sie ist die bisher jüngste und erste afrodeutsche Landtagsvizepräsidentin im schleswig-holsteinischen Landtag, Fraktionsmitglied der Grünen, Sprecherin für die Themen Migration, Frauen, Gleichstellung, Kinder, Jugend und Antirassismus. Ihre Motivation fasst sie so zusammen: „Meine Familie und ich waren selbst jahrelang von asylpolitischen Gesetzen betroffen. Ich hätte mir damals gewünscht, dass da jemand für diese Themen kämpft. Wenn man nicht kämpft, wird es schlimmer. Das kann ich nicht zulassen.“

Aminata Touré gehört zur neuen, jungen Generation in der Politik, die sich sehr engagiert einsetzt und die unbequeme Wahrheiten offen ausspricht. Es sind Themen wie Nachhaltigkeit, Umweltschutz und Migration, die stärker in das Bewusstsein der Öffentlichkeit gerückt sind und deren Bearbeitung keinen Aufschub mehr duldet. Und sie weiß aus eigener Erfahrung, wovon sie spricht.

Ihre Eltern müssen nach dem Putsch 1991 aus ihrem Heimatland Mali fliehen und bekommen in der Gemeinschaftsunterkunft in Neumünster ein vorläufiges Zuhause. Hier wird Aminata 1992 geboren und wächst mit ihren drei Schwestern auf. Das Asylverfahren zieht sich hin. Die Familie bekommt eine Duldung, eine Vorläufigkeit, die immer wieder verlängert. Sie ist in ständiger Angst, in ein ihnen unbekanntes Land zurückgeschickt zu werden, bis sie 2004 endlich eine Aufenthaltsgenehmigung erhält. Durch die selbst erfahrenen Diskriminierungen, Rassismus und Ausgren-

Die Landtagsvizepräsidentin Aminata Touré im Plenarsaal des Kieler Landtags 2020.

zung wirkt die Zeit prägend und ist ein Grund für Aminatas politisches Engagement. Trotz schwieriger Startbedingungen macht sie Abitur, beendet das Studium der Politikwissenschaften und engagiert sich in der grünen Jugend. Der damalige Grünen-Bundesvorsitzende Cem Özdemir wird ihr ebenso zum Vorbild wie der amerikanische Präsident Barack Obama, über den sie sagt: „Wenn der das auf einem viel krasseren Level macht, kann ich hier nicht vor der Verantwortung zurückschrecken." Zur Landtagswahl in Schleswig-Holstein 2017 ist sie Direktkandidatin der Grünen in ihrem Wahlkreis in Neumünster, kann aber erst als Nachrückerin in den Landtag einziehen. Ihr Arbeitsplatz ist jetzt im ehrwürdigen Gebäude der alten Marineakademie, das 1888 für die Kaiserliche Marine direkt an die Kieler Förde gebaut wurde. Nach erheblichen Zerstörungen bei den Luftangriffen im Zweiten Weltkrieg und dem umfangreichen Wiederaufbau konnte das Haus 1950 wieder an die Öffentlichkeit übergeben werden. Seither dient es als Sitz des schleswig-holsteinischen Landtags mit derzeit 72 Abgeordneten. Es ist ein Haus mit Geschichte. Hier nahm die Barschel-Affäre ihren Anfang, hier musste Heide Simonis ihre Niederlage bei der Wiederwahl zur Ministerpräsidentin hinnehmen und hier wird Aminata Touré 2019 als erste Afrodeutsche und Mitglied der Grünen zur Landtagsvizepräsidentin gewählt. Im Wechsel mit den anderen drei Präsidiumsmitgliedern leitet sie die monatlichen Debatten im 2003 eingeweihten gläsernen Plenarsaal mit Blick aufs Wasser, eine Aufgabe, die vor allem Neutralität verlangt.

Der schleswig-holsteinische Landtag tagt seit 1950 im Gebäude der alten Marineakademie von 1888.

In ihrer politischen Agenda bezieht sie hingegen Position. Sie kämpft für eine Gesellschaft, in der Vielfalt selbstverständlich ist, in der Diskriminierung keine kollektive Erfahrung mehr ist, in der Rassismus keinen Platz hat und in der jeder stolz auf seine Wurzeln sein kann. Sie fordert von ihrer Generation mehr Eigeninitiative – „Geht in die Politik, bringt euch ein, werdet sichtbar!" –, auch wenn Politik Kompromisse und Überzeugungsarbeit verlangt. Die Politik der „old people" muss sich erneuern, neue Formate müssen her, um junge Wähler anzusprechen. Sie unterstützt die soziale Bewegung „fridays for future", die die Politik antreibt. Es sind junge starke Frauen wie Aminata Touré, die den Generationenwechsel und die Umsetzung zukunftsrelevanter Themen in der Politik voranbringen können. Zur nächsten Landtagswahl 2022 hat Aminata Touré eine neue Chance, direkt in den Landtag gewählt zu werden, um ihre Arbeit fortzusetzen. Da gibt es noch so viel zu tun, aber der Anfang ist gemacht.

LITERATUR

Angelika Volquartz
Mein Herz schlägt in Kiel
Persönliches und Politisches, Lebensnotizen
Wachholtz-Verlag, Kiel/Hamburg 2019

Ausstellungskatalog
Elisabeth Lindemann – Verwoben – eine Handweberin in Schleswig-Holstein
Wenzel Hablik Museum, Hrsg. Simone Laubach, 2009

Ausstellungskatalog
„Alles möchte ich immer" – Franziska Gräfin zu Reventlow
Wallstein Verlag 2010

Ausstellungskatalog des Frauenwerks der Nordkirche
Frauen schreiben Reformationsgeschichte, ... von gar nicht abschätzbarer Bedeutung
2016

Biografisches Lexikon für Schleswig-Holstein
Wachholtz-Verlag, Neumünster

Christian Andree
Die Universitätskinderklinik der Christian-Albrechts-Universität
1906–2006

Detlev Kraack
Begegnungen, schleswig-holsteinische Geschichte in Lebensbildern
Wachholtz-Verlag, 2016

Eckardt Opitz
Die unser Schatz und Reichtum sind, 60 Portraits aus Schleswig-Holstein
Hamburg 1990

Erich Maletzke
Rätselhafte Prominente
Wachholtz-Verlag, 2006

Felicitas Glade
Käte Ahlmann, eine Biografie
Wachholtz-Verlag 2006

Festschrift für Therese Chromik
Hrsg. Bodo Heimann, Schmidt & Klauning, Kiel 2009

Gerda Nissen
Alte Rosen
Boyens-Verlag, Heide 2005

Hans Rothert (Hrsg.)
Kieler Lebensläufe aus sechs Jahrhunderten
Wachholtz-Verlag, 2006

Heide Simonis, Dodo Steinhardt, Barbara Steinhardt-Böttcher
Drei Rheintöchter – Kindheit am Rhein nach 1945
Bouvier-Verlag, Bonn 2008

Katrin Rönicke
Beate Uhse – Ein Leben gegen Tabus
Residenz Verlag, Salzburg/Wien 2019

Kirsten Bruhn
Mein Leben und wie ich es zurückgewann
Verlag Neues Leben, Berlin 2016

Lilli Martius
Erlebtes den Verwandten und Freunden erzählt
Kiel 1970

Rosemarie Kilian
Revolutionskind; Erinnerungen an Leben und Bühne 1919–1999
Bibliothek der Zeitzeugen, Hrsg. Jürgen Kleindienst, Berlin 2003

Therese Chromik
... wenn ich nur lieben kann – Franziska zu Reventlow
Verlag Schmidt & Klauning, Kiel 2009

Therese Chromik
Da ich ein Kind war
Bergstadtverlag, Würzburg 2008

Therese Chromik
Mit meinen Armen teile ich das Meer
Verlag Ralf Liebe, Weilerswist 2013

Willi Hansen
Die Hallig-Gräfin von Südfall
Schmitz-Verlag, Nordstrand

Weitere Bücher aus Ihrer Region

Deert Lafrenz

Schleswig-Holstein
Die schönsten Herrenhäuser und Schlösser

72 Seiten, zahlr. Farbfotos

ISBN 978-3-8313-3245-8

Annerose Sieck

Schleswig-Holstein –
Die Gerichte meiner Kindheit
Rezepte und Geschichten

128 S., zahlr. Farb- und S/w-Bilder

ISBN 978-3-8313-2197-1

Karl-Heinz Groth, Heinke Hannig,
Marianne Ehlers, Heiko Gauert

Laat di Tiet is ok en Walzer
Plattdeutsche Geschichten

80 Seiten

ISBN 978-3-8313-2884-0

Henning Jost

Das alte Kiel in Farbe

96 Seiten

ISBN 978-3-8313-3218-2

www.wartberg-verlag.de